알제리

카발라
테살로니키
아테네
나바리노
크레타

이스탄불
흑

퀴타히아
콘O

지 중 해

로제타 다미에타
알렉산드리아 수O
기자 카이로

에스나
아스완

수단

메흐메드 알리

오스만 제국의 지방 총독에서 이집트의 통치자로

이 번역서는 2007년 정부(교육과학기술부)의 재원으로
한국연구재단의 지원을 받아 수행된 연구임(NRF-2007-361-AL0016).

메흐메드 알리

칼레드 파흐미 지음
이은정 옮김

오스만 제국의 지방 총독에서
이집트의 통치자로

일조각

차례

감사의 글 __ 9
옮긴이 해제: 메흐메드 알리의 세계사적 위치 __ 11

1. **고향 마케도니아** __ 25
      출생 __ 27
      유년기와 소년기 __ 29
      결혼 __ 34

2. **이집트의 진흙탕** __ 38
      평생의 숙적 '휘스레우 파샤'를 처음 만나다 __ 42
      맘루크들을 카이로에서 추방하다 __ 54
      휘스레우를 확실하게 돌려보내다 __ 55

3. **권력 다지기** __ 61
      지역 내 정적들을 제거하다 __ 64
      맘루크 대학살 __ 70

4. 확고한 입지 굳히기 __ 77

　　　　대체 권력 기반을 건설하다 __ 78

　　　　경제 정책을 세우다 __ 81

　　　　히자즈 원정에 나서다 __ 84

　　　　절대 권력 __ 91

　　　　나사 조이기 __ 92

　　　　기반 시설에 투자하다 __ 94

　　　　그래도 남은 불안감 __ 96

　　　　상업적 성공을 거두다 __ 98

　　　　"제 집 안에 있는 늙은 거미" __ 101

5. 확대되는 지평 __ 106

　　　　운 좋은 한 해 __ 107

　　　　그리스 전쟁 __ 116

　　　　유럽 열강이 개입하다 __ 118

　　　　휘스레우가 다시 등장하다 __ 120

　　　　"경사스런 사건" __ 121

　　　　나바리노의 대재앙 __ 123

　　　　다음을 위한 준비 __ 125

6. 마지막 대결 __ 130
　　시혜자 __ 131
　　끈질긴 걱정거리 __ 133
　　시리아 침공에 나서다 __ 135
　　루비콘 강을 건너다 __ 138
　　재구성과 비용 절감 __ 142
　　두 번째 시리아 위기 __ 146
　　세습 통치를 추구하다 __ 147
　　환희 __ 155

7. 승리 __ 157
　　파샤와 그의 엘리트: 감시자들을 누가 감시할 것인가 __ 158
　　메흐메드 알리와 이집트 인들 __ 164
　　파샤의 말년 __ 170

8. 파샤의 다면적 유산 __ 175
　　무엇이 잘못되었나 __ 186

참고문헌 __ 197
찾아보기 __ 203

일러두기

:: 아랍어와 터키어의 한글 표기에 아직 합의되고 통일된 규칙은 존재하지 않으며, 이 책에서는 대체로 국립국어원의 시안에 맞게 표기했다.

:: 본문 범위 내에서 아랍어 모음은 이 책에서 영어로 어떻게 표기되었건 '아', '이', '우' 세 개와 '아이', '아우' 두 개로 표기했다. 감사의 글이나 표지에 나오는 현대 아랍 인 학자들의 이름은 그들이 쓴 철자에 가깝게 옮겼다[(예) 'Khaled Fahmy'는 '칼레드 파흐미']. 아랍어 정관사 '알'이 자음 접변 되는 현상은 독자의 혼란을 피하기 위해 무시하고 모두 '알'로 통일했다.

:: 발음이 터키어화된 아랍어 이름은 메흐메드 알리 당시 이집트의 지배 집단이 터키어를 쓰고 있었다는 점을 고려하여, 원문의 알파벳 표기가 터키어식인 경우 터키어식의 모음표기를 따랐다[(예) 'Süleyman Pasha'는 '쉴레이만 파샤', 'Nureddin'은 '누렛딘'].

감사의 글

원월드Oneworld 출판사에서 메흐메드 알리 파샤에 대한 책을 써 보지 않겠냐는 제의를 해 왔을 때, 나는 오래 망설이지 않았다. 지난 15년 동안 이 인물과 관련해서 모은 연구 노트들을 살펴 그의 통치에 대해 갖게 된 생각들을 구성할 수 있는 기회라고 여겼기 때문이다. 그러나 실제로 작업을 하다 보니 그렇게 단순한 일이 아니었다. 메흐메드 알리는 이집트 근대사와 중동 근대사에서 여전히 논란이 되는 인물이고, 마지막 장에서 보여 주고 싶었던 것처럼 이 논쟁은 그와 그의 유산에 대한 평가와 관련되었을 뿐만 아니라, 문서 자료이건 출판된 책이건 원사료들이 그에 대해서 어떤 식으로 말하고 있는가와도 관련되어 있다. 그리하여 나는 이집트 국립 문서고에서 그의 오래된 편지들을 다시 읽고 새로운 자료를 찾으며 훨씬 더 폭넓은 연구를 해야 하는 신세가 되었다. 2006년 뉴욕 대학교New York University에서 안식년을 받은 덕분에 이러한 기회를 가질 수 있었다. 메흐메드 알리의 편지들을 문서고에서 추적하고 연구할 수 있도록 많은 도움을 준 고문서 전문가들과 문서고 직원들, 특히 모함마드 사베르 아랍Mohammad Saber 'Arab 박사와 압델와히드 압델와히드 Abdelwahid Abdelwahid 박사, 나디아 모스타파Nadia Mostafa에게 감사드린다.

이 책이 속한 시리즈의 편집자인 원월드 출판사의 퍼트리샤 크론 Patricia Crone은 대단히 솔직하고 건설적인 비평을 해주었다. 그녀는 내 초고를 보고 핵심을 놓친 부분이 있다고 지적해 주었으며, 수정하고 다시 쓰는 동안에도 마이크 하플리Mike Harpley와 함께 인내심을 갖고 기다려 주었다. 두 번째 원고를 솔직하게 비평하고 빠진 것과 잘못된 부분을 지적해 준 로저 오언Roger Owen과 셰리프 유니스Sherif Younis에게도 감사한다. 그들의 조언을 최대한 반영하고자 노력했는데, 만약 여전히 잘못된 부분이 있다면 그것은 모두 내 책임이다. 또 지도를 그려 준 야로슬라브 도브로볼스키Jaroslaw Dobrowolski의 친절에도 감사한다. 끝으로 가장 충실하고도 비판적인 독자로 끊임없는 사랑과 지지, 영감을 준 호삼 바흐가트Hossam Bahgat에게 무한히 감사하는 바이다.

메흐메드 알리의 세계사적 위치

옮긴이가 공부하는 중동의 역사는 국내에서는 여러 면에서 대중의 관심이 덜한 분야라고 하겠다. 중동 지역의 사람 이름과 언어가 낯설고 접근성이 떨어진다는 이유가 가장 크겠지만, 일단 중동학에 관심을 두는 경우에도 바로 지금 눈이 어지러울 정도로 너무나도 급박하게 돌아가는 중동의 정세나 변치 않는 유별난 종교로 인식되어 사회에서 엄청난 영향력을 가지고 있는 것으로 간주되곤 하는 이슬람교가 너무도 두드러지기 때문에, 복잡한 사건과 상황을 인과 관계 속에서 파악해야 하는 역사는 어렵게 느껴지는가 보다. (그러나 약간의 인내심을 갖고 배경 지식을 습득한다면 동아시아의 우리에게 중동의 역사는 상당히 재미있는 분야이다.) 또 중동의 역사와 관련한 한국어로 된 읽을거리는 구체적이거나 재미있기보다는 아직 개설서 수준이 대부분인데, 이 역시 중동의 역사가 대중성을 얻지 못하는 이유라 하겠다. 현재 우리나라에서 중동사 가운데 가장 관심이 많은 부문은 물론 근현대사로, 요즘에는 이와 관련해서 개성 있고 생동감 넘치는 개설서가 많이 출판되어 이러한 개설서를 번역할 수도 있는 상황이 되었지만,* 옮긴이는 국내 독자들에게 중동사 관련 책을 소개한다면 그보다는 구체적인 흥미를 불러일으킬 만한 책을 번역하고 싶었다. 17세기 이스탄불Istanbul에 천착하는 옮긴이의 세부 전공과는 거리가 있지만, 이슬람 문명사를 개설적으로 다루는 과목과 중동 현대사 관련 과목을 강의하다 보니, 아주 뚜렷한 인상을 남기는 인물이 메흐메드 알리Mehmed Ali였다. 이슬람 전통 시대의 끝자락과 근대 개혁기의 초입을 연결하는 인물인 메흐메드 알리의 일생과 행적은, 한편 너무나도 낯설고 대담하지만 다른 한편 상당히 동아시아의 개혁기를 연상하게 한다. 국내외의 구체적인 상황이 다르고 서세동점을 경험한 시기도 차이가 나지만, 19세기 초 오스만 제국의 중앙과 지방의 정치 지도자들이 느꼈던 외압의 강력함과 개혁의 시급함이 19세기 후반 동아시아에서도 반복되었던 것이다. 바로 그런 점에서, 메흐메드 알리의 일생은 우리나라의 일반 독자들에게도 매우 생생하게 다가올 것으로 보인다. 이런 생각으로 메흐메드 알리의 전기를 번역하는 데 용기를 내게 되었다.

이 책의 무대가 되는 이집트는 1517년 맘루크mamluk 술탄국이 멸망

---

* 현대 중동사에 대한 재미있고 개성 있는 개설서로는, 중세사 연구가의 입장에서 현대 중동을 바라본 R. Stephen Humphreys, *Between Memory and Desire: The Middle East in a Troubled Age* (University of California Press, 2005)와 생생한 사례와 개념, 지도를 활용하여 자신 있게 의견을 개진하는 James Gelvin, *The Modern Middle East: A History* (Oxford University Press, 2011)가 특히 추천할 만하다.

하면서 오스만 제국에 복속되었다. 15세기 중엽 이후 발칸Balkan 반도와 아나톨리아Anatolia에 중심을 둔 오스만 제국이 강성하여 아랍 지역의 경계에까지 세력을 뻗치기 이전까지, 맘루크 술탄국은 지역 내의 패권 세력으로 200여 년간 십자군과 몽골의 침략을 방어하고 이슬람권의 서부 지역을 지켜 낸 군사 강대국이었다. '맘루크'는 원래 '노예'를 뜻하는 말로, 특히 그중에서도 군사적 목적으로 훈련된 노예를 의미한다. 이슬람권에서는 일찍이 이슬람 문화의 고전적 틀이 완성된 압바스Abbās 칼리프 시대(750~1258) 이래로 정예 군인을 이슬람권 외부에서 사들여 훈련시킨 노예로 충원하는 경향이 강했다. 맘루크 술탄국은 대십자군전쟁으로 유명한 살라흐 알딘Ṣalāḥ ad-Dīn(살라딘Saladin)이 이집트와 시리아Syria에 걸쳐 세운 아이유브Ayyūb 왕조 말기에 술탄의 노예 병단이 정변을 일으켜 건설한 국가이다. 노예병 출신의 군벌들이 과두제적으로 정치권력을 장악하는 양상을 보였는데, 술탄위조차도 왕조적으로 한 가문 안에서 계승하는 게 아니고 내전이나 정변 끝에 군사적·정치적으로 성공을 거둔, 그 자신도 노예병 출신인 맘루크 가문의 수장이 즉위하는 경향을 보였다. 이처럼 맘루크 술탄국의 군사 및 정치 구조의 중핵을 이루었던 맘루크들은 오스만 제국에 의해 복속된 뒤 재구성 과정을 거쳐 이집트의 오스만 군사 조직에 편입되었다. 즉, 오스만 정부는 협조적이거나 항복한 맘루크들을 제거하지 않고 이용했는데, 단지 그들을 오스만 군 조직 안에 동화시키려 한 것이다. 이러한 중앙 정부의 군 조직 장악은 오스만 제국의 전성기였던 16세기까지는 상당히 잘 유지되었지만, 17세기 이후 내우외환 속에 전 제국에 지방 분권화가 진행되면서 이집트처럼 중앙에서 멀리 떨어진 지방에서는 점차로 지역 내의 군사 집단들이 정치권력을 장악하는 현상이 나타났다. 18세기 후반에는 제국 전역에 걸쳐 각 지역에 새로 나타난 군사 실력자들이 권력을 사유화하는 현상이 두드러졌으며, 이들은 아얀ayan(즉, 지방 유력자)으로 불렸다. 그런데 이집트에서는 이러한 제국 전체의 맥락에 부합하면서도 특수하게도 분권화 현상이 맘루크들에 의해 나타났다. 중앙에서 온 예니체리janissary(보병)와 시파히sipahi(기병) 군 조직들은 점점 더 토착화되어 갔으며, 군사 실력자들은 이집트의 옛 관행대로 체르케스Circassia 인 노예를 사들여 훈련과 교육을 시켜 자신의 군사 문벌, 즉 맘루크로 이루어진 일종의 가문을 구성하는 행태를 보이게 되었다. 오스만 중앙의 행정적·군사적 장악력이 약화된 가운데 이집트 군사 부문에서의 맘루크 현상은 다시금 성행했다.

오스만 치하의 이집트는 쌀, 밀, 설탕, 과일 등을 수출하는 풍요로운 곡창 지대이자 무역의 교차로로, 커피와 향료는 이 지역을 경유하는 인기 무역품이었다. 오스만 국고에서 이집트로부터의 세수입이 가장 높은 비중을 차지했으며, 이집트에서의 농업 생산으로 아라비아 반도의 메카Mecca와 메디나Medina를 부양할 수 있었다. 18세기 내내 이집트의 경제는 활력이 넘쳤다. 이집트의 경제적 자원은 오스만 중앙 정부에게나 지역 내 맘루크들에게나 매우 중요했다. 17세기 이후 권력의 핵심에 있었던 이스탄불 궁정 하렘*의 환관장이 은퇴하면 이집트의 한직을 받는

---

* 여성들이 거주하는 공간.

것이 관례화되었는데,* 이는 그만큼 경제적으로 윤택한 삶을 살 수 있도록 예우를 한다는 의미가 있었다. 또 17~18세기 군사 파벌들의 격렬한 쟁패도, 바로 이러한 이집트의 경제적 자원들을 수취할 때 발생하는 세금 징수상의 이권을 누가 더 많이 차지할 것인가를 두고 벌어졌다. 이집트 각지의 세금 징수권은 대개 맘루크 장교들이 장악하고 있었고, 이는 그들의 세력 기반이 되었다. 나폴레옹Napoleon이 이집트를 침략한 것은 전략적 가치보다 경제적 부 때문이었다는 견해가 있을 정도로, 이집트의 부는 매력적이었다.**

1798년 이 부유하고 자율적인 이집트 지역을 나폴레옹이 정복하고 3년간 프랑스가 지배하게 된 사건을 흔히 중동의 역사에서 근대의 시작으로 간주한다. 비서구 지역에서는 근대의 기점을 이처럼 외세에 의한 개방으로 설정하는 경우가 많다. 비교적 후방이라고 생각되던 이집트가 서구 세력에 의해 점령된 사실은 오스만 중앙 정부에게는 개혁의 화급함을, 지방 세력에게는 서구 군사력의 우월성과 중앙 정부의 무능함을 각인시켰다. 오스만 치하 그리스 북부의 카발라Kavala 출신으로 일자무식의 지방 폭력배 우두머리였던 메흐메드 알리***가 이집트에 와서

---

* Jane Hathaway, "The Role of the Kızlar Ağası in 17th–18th Century Ottoman Egypt", *Studia Islamica* 75 (1992), pp. 141–158.

** Peter Gran, "Late 18th–Early 19th Century Egypt: Merchant Capitalism or Modern Capitalism?", *L'Égypte au XIXe siècle* (Paris, 1982), pp. 267–281; Darrell Dykstra, "The French Occupation of Egypt", *Cambridge History of Egypt* Vol. II (Cambridge University Press, 2008), pp. 116–117에서 재인용.

*** 옮긴이는 저자가 본문에서 표기한 것과 같이 이 책의 주인공 이름을 터키식으로 표기하지만, 현대 터키어에서 하는 식으로 '메흐메트Mehmet'라고 하기보다는 오스만 시대의 인물 이름을 표기할 때 아랍어 자음 표기 원칙을 존중하는 의미에서 마지막 자음을 격음화해서 쓰

뿌리를 내리게 된 것도 프랑스군을 몰아내기 위해 조직된 군대에 가담하게 되면서였다. 메흐메드 알리는 앞으로 본문에서 보게 되겠지만 대단히 놀라운 정치적 성공을 거둔 오스만 제국 말기의 풍운아로서, 지략과 용병에 능하여 오스만 제국의 비옥한 속주였던 이집트를 장악한 후 그곳을 기반으로 산업화와 군사 대국화*를 꾀하여 아라비아 반도 서부, 수단Sudan, 크레타Crete 섬, 시리아 등으로 식민지 개척에 나선 사람이다. 오스만 제국 중앙에서 열강의 발전을 모방하고 따라가려는 시도가 셀림Selim 3세(재위: 1789~1807) 시기에 본격적으로 도입되었으나 기성 체제의 반대에 부딪혀 후퇴한 후 지지부진하던 시점에서, 메흐메드 알리는 과단성 있는 정책 수행으로 정치적·군사적 성공을 거머쥐었다. 그의 대업은 오스만 중앙과의 갈등 과정에 서구 열강이 개입하면서 겨우 이집트와 수단을 차지하는 정도로 제한되었지만, 20세기 중엽까지 지속된 '왕조'를 개창한 것 그 자체로 놀라운 성공이었다. 비서구 사회의 근대 개혁으로는 거의 최초의 성공적인 예로 손꼽을 만한 것이었지만, 메흐메드 알리의 개혁 프로그램은 효율적이었던 만큼 잔인하고 무자비했다. 그 성공이 어떤 희생을 치르는 가운데서 이루어졌는지, 그의 정권이 어떻게 구시대의 특권 계층인 맘루크와 울라마ulama(이슬람 학자들)의 특권을 박탈하고 자신의 측근과 신흥 관료층을 우대했는지를 살펴보면, 중동에서 국가를 건설하는 것과 관련하여 그가 남긴 격렬하게 강압

___
지 않는 국제 학계의 관행에 따라 '메흐메드'라고 표기하겠다.
* 그의 군사 개혁에 대한 국내 논문으로 송경근, 「무함마드 알리(1805-1848)에 의한 이집트 군의 개혁」, 「국제지역연구」 제8권 제1호(2004), pp. 169-190이 있다.

적이고 상명 하달적인 유산을 피부로 느낄 수 있다.

이집트사 분야에서 메흐메드 알리가 어떻게 연구되어 왔는지에 대해서는 본문 제8장 '파샤의 다면적 유산'에 자세히 나와 있다. 저자 칼레드 파흐미는 메흐메드 알리의 후손이 그의 삶과 정책을 미화하는 데 유용한 사료를 선별적으로 제공했던 점, 이집트 민족주의 역사가들이 그를 오스만 제국으로부터의 독립을 지향한 인물로 그렸던 점 등이 메흐메드 알리에 대한 인상을 왜곡하는 데 주원인이 되었다고 본다. 따라서 메흐메드 알리의 영웅화된 이미지를 수정하기 위해서는 아랍어, 투르크어, 유럽 언어들로 된 사료들을 종합적으로 검토하는 일이 필요했다. 저자도 바로 이렇게 사료에 입각하여 메흐메드 알리 시대를 연구한 대표적인 학자이다. 특히 그 시대의 군대와 법, 의료에 대한 사회사를 전문으로 연구했는데, 한때 뉴욕 대학교 교수였다가 2016년 현재 카이로 아메리칸 대학교American University in Cairo에 재직 중이다. 저자가 메흐메드 알리 시대 이집트 군대의 징집과 훈련 과정, 전쟁 경험, 군 내부에서의 갈등 등이 이집트 근대 국가 형성에 핵심적인 역할을 했음을 설파한 저서는 대단한 호평을 받았다.* 저자는 메흐메드 알리를 이집트에 한정하지 않고 오스만 제국의 맥락에서 바라보았다. 이 책의 주인공 이름을 이집트식으로 무함마드 알리라고 하지 않고 터키식으로 메흐메드 알리라고 한 것부터가 그러한 관점을 반영하고 있는 것이다. 메흐메드 알리가 아랍어를 한 적이 없고 이집트와 이집트 인에게 동질감을 느끼지

---

* Khaled Fahmy, *All the Pasha's Men: Mehmed Ali, His Army and the Making of Modern Egypt* (Cairo: American University in Cairo Press, 1997).

않았던 것을 생각하면 저자의 입장은 매우 타당해 보인다.

메흐메드 알리의 번영과 좌절은 그가 살아 있는 동안에도 전 세계적으로 시사하는 바가 컸던 것 같다. 그는 동시대의 많은 외국인으로부터 관심을 끌었다. 19세기 프랑스, 영국, 독일 등 여러 나라에서 그를 다룬 책들이 출간되었으며, 그중 주요한 것들은 이 책의 참고문헌의 동시대 자료 부분에 소개되어 있다.* 19세기 초는 특히 서구 열강의 입장에서는 오스만 제국이 약해지면서 발생하는 지역 정세의 불안정을 어떻게 처리할 것인지에 대한 이른바 '동방문제Eastern Question'**가 본격적으로 대두한 시기였고, 그 가운데 메흐메드 알리가 큰 관심을 받게 된 것이었다.

이집트가 영국을 비롯한 열강의 간섭으로 1841년 군사력을 제한당하고 식민지를 많이 빼앗긴 후 개혁을 순조롭게 진행하지 못하다가 1875년에 국가 파산을 맞았고 1882년에는 영국에 의해 점령당해 식민지에 준하는 점령지로 영락한*** 것은, 19세기 말 위기의식에 휩싸여 있던 동아시아에서는 지대한 관심의 대상이었다. 1872년 이와쿠라岩倉 사절단이 영국 외상으로부터 이집트를 모델로 점진적인 개혁을 해 보라는 제안(!)을 받은 후 일본은 열강과 이집트의 관계에 대해 관심을 갖고 연구

---

* 또 Şinasi Altundağ, *Kavalalı Mehmet Ali Paşa İsyanı* (Ankara: Türk Tarih Kurumu, 1988) vol. I, pp. 11–20의 참고문헌에도 많은 관련 저작이 소개되어 있다.

** 동방문제에 대한 간단한 개설서로는 A. L. Macfie, *Eastern Question 1774–1923* (Routledge, 1996)이 있다.

*** 영국은 이집트를 점령하고 나서 한참 동안 점령지의 성격을 공식적으로 규정하지 않았고, 제1차 세계대전이 발발한 1914년에 가서야 이집트를 '보호령'으로 규정했다.

를 시작했으며, 이것이 이집트의 전철을 밟아서는 안 된다는 사회적 공감으로 이어져 1899년 불평등 조약의 철폐를 이끌어 내는 요인 가운데 하나가 되었다고 한다.* 그뿐만 아니라 유럽을 오가면서 거쳐 가게 되는 곳이 수에즈Suez 운하가 있는 이집트여서 일본인들은 이집트의 물정을 자연스럽게 알게 되었으며, 1881~1882년 이집트의 국권 수호 운동이라고 할 수 있는 우라비Urabi 저항 운동이 일어나자 대부분 이집트의 처지에 공감을 표하기까지 했다.** 특히 이토 히로부미伊藤博文 내각의 농상무대신 다니 다테키谷干城의 비서관이던 시바 시로柴四郎는 서구 시찰 여행에서 돌아오는 길에 실론Ceylon 섬에 유배된 우라비 저항 운동의 지도자 우라비를 직접 만나 감명을 받고는, 귀국 후 유럽 문헌을 참고하여 메흐메드 알리에서 우라비에 이르는 이집트 역사를 1889년 『애급근세사埃及近世史』라는 책으로 펴냈다.*** 이 책은 이집트가 메흐메드 알리 시대에 대단한 발전과 팽창을 이루다가 열강의 개입으로 군사적 예봉이 꺾인 후 1882년 영국의 무력 개입으로 점령된 것을 크게 안타까워하는 내용이다. 저자 시바 시로가 도쿠가와德川 막부 말기 친막부파인 아이즈會津번 출신으로, 친막부파가 토벌당하는 과정에서 가족을 잃고 자기 스스로가 '패잔지류敗殘之類'라는 인식을 가져 약소국의 비애에 공감

---

* 杉田英明(스기타 히데아키),『日本人の中東發見─逆遠近法のなかの比較文化史』, 東京大學出判會, 1995, pp. 112-116.
** 앞의 책, pp. 116-117. 그러나 일본인의 이집트에 대한 관심은 청일 전쟁과 러일 전쟁을 거치면서 곧 영국의 이집트 지배와 프랑스의 북아프리카 지배를 일본의 식민지 통치에 참고하려는 극히 실용적 관심으로 바뀌어 나갔다. 같은 책, pp. 126-129 참조.
*** 柴四郎(필명 東海散士),『埃及近世史』, 東京, 明治 22(1889)년 초판.

하는 정서가 있었기 때문인지,* 이 『애급근세사』는 일본 이상으로 중국과 한국에서 대단한 호응을 얻었다. 먼저 량치차오梁啓超의 측근이었던 마이딩화麥鼎華 등에 의해 3종의 번역본이 중국어로 나왔고, 중국어본을 저본으로 위암 장지연이 번역한 한국어본(1905)도 있다.** 당시 구한말에 『애급근세사』는 『월남망국사』와 함께 외국에서 일어난 참상을 연구해 위기에 처한 조국의 미래에 대비한다는 애국심에 큰 호응을 얻었고 체육 대회에서 상품으로 흔히 수여되곤 했다고 한다.*** 이처럼 메흐메드 알리의 근대 개혁의 성공과, 그의 치세 말기에 시작되어 그의 후손들의 시대에 본격적으로 닥쳐온 좌절, 그 전 과정에서의 명암은 19세기 말 동아시아에서 볼 때도 전혀 남의 이야기가 아니었다. 물론 19세기 말의 분위기로 볼 때 자연스러운 것일지도 모르지만, 『애급근세사』는 메흐메드 알리에 대해서 찬양 일변도이고 그의 성공의 어두운 면에 대해서는 전혀 관심을 두지 않을 정도로 단순하다. 어쨌든 19세기의 동아시아 지식인들이 그만큼 절박한 관심으로 이집트 근대의 굴곡을 바라보았던 것만큼은 사실이다.

한편 메흐메드 알리의 시대는 또 다른 측면에서 이집트사 분야 바깥

---

* 시바 시로의 가족사와 인생 역정에 대해서는 中井けやき(나카이 케야키), 『明治の兄弟: 柴太一郎, 東海散士柴四郎, 柴五郎』, 文藝社, 2008을 참조. 시바 시로는 메이지 말기 베스트셀러 정치 소설인 『佳人之奇遇』의 저자이기도 하다.

** 張志淵 譯述, 『埃及近世史』, 皇城新聞社, 1905. 장지연은 중국어본을 저본으로 중역했는데, 원저자의 이름을 밝히지 않았다. 아마도 시바 시로가 명성 황후 시해에 연루되는 등 당시 조선에서 평판이 좋지 않았기 때문일 것으로 보인다.

*** 서여명, 「중국을 매개로 한 애국계몽서사 연구—1905~1910년의 번역 작품을 중심으로—」, 인하대학교 국어국문학과 박사 논문, 2010, pp. 30-59.

에서 관심을 얻고 있다. 메흐메드 알리의 대규모 산업 건설이 경제사가들에게서 19세기 전반前半 비서구 지역에서의 산업화에서 매우 예외적인 성공 사례로 간주되고 있는 것이다. 1970년대에 메흐메드 알리의 경제 개발이 자본주의 세계 경제로의 종속을 촉진시켰다고 보는 경향이 있었던 것과는 대조적으로,* 당시 이집트의 경제 체제가 비록 정치적·사회적 지지를 얻지는 못했으나 상당히 좋은 인구, 자원, 자연 환경적 조건을 갖추어 자생력이 있었고 열강의 개입이 없었다면 지속적으로 발전했을 수도 있다는 주장이 대두되었다.** 또 19세기에 원자재 붐으로 이루어진 무역 활성화가 가난한 나라에 흔히 탈산업화 현상을 초래했던 것을 염두에 둘 때, 메흐메드 알리가 같은 조건 속에서도 비서구 국가 중 유일하게 산업화를 이루어 냈다는 점을 높이 평가하는 학자도 있다.*** 물론 이러한 재평가는 그 과정에서 이집트 민중이 치른 희생을 경시하는 측면이 없지 않으나, 비서구 지역 산업화의 계보에서 메흐메드 알리가 중요한 위치를 차지하고 있음을 보여 준다고 하겠다.

위와 같이 중동 지역 내에서의 맥락에서만이 아니라 여러 가지로 세

---

* Peter Gran, *Islamic Roots of Capitalism* (Austin: University of Texas Press, 1979)과 A. R. Richards, "Primitive Accumulation in Egypt, 1798–1882", *Review: A Journal of the Fernand Braudel Center*, vol. 1, no. 2 (1977), pp. 3–49 참조.

** Jean Batou, "Muhammad Ali's Egypt, 1805–1848: A Command Economy in the 19th Century?" in Jean Batou, ed. *Between Development and Underdevelopment: The Precocious Attempts at Industrialization of the periphery, 1800–1870* (Geneve: Libr. Droz, 1991)

*** Laura Panza and Jefferey G. Williamson, "Did Muhammad Ali Foster Industrialization in Early Nineteenth-Century Egypt?" *The Economic History Review*, vol. 68, no. 1 (2015), pp. 79–100.

계사적인 중요성을 띠는 메흐메드 알리이지만, 옮긴이는 오스만 제국사 전공자의 입장에서 번역을 하는 과정 내내 메흐메드 알리가 그보다 약간 앞선 시대의 자수성가한 풍운아 군벌 타입의 아얀들, 즉 오스만 파스완올루Osman Pasvanoğlu(1758~1807)나 야니나의 알리 파샤Tepedelenli Ali Pasha(1740~1822)와 비슷하다는 생각을 갖게 되었다. 이들은 영내의 기독교인 신민들과 연합하기를 서슴지 않았고 외국과 독자적인 교섭을 하는 등 매우 실용적인 행보를 보였다. 물론 메흐메드 알리는 그들 가운데 가장 성공적인 사례이고, 드물게도 자신의 왕조를 지속시킬 수 있었던 예외적 존재였지만. 그러한 풍운아 군벌 타입의 아얀들은 당시의 시대적 상황을 대표하는 아이콘이라 할 수 있다. 왜냐하면 기존의 오스만 제국의 틀이 곳곳에서 와해의 조짐을 보이는 틈을 타 자신들의 한미한 출신에서 여러 단계를 거듭하여 도약할 수 있는 여지가 있었고, 단순히 오스만 제국 내부의 여러 집단과 위계 사이의 역학 관계만 조정하는 것이 아니라 외부 세력과의 관계도 잘 경영해야만 하는 시대에 발 빠르게 대처해 정치적으로 두각을 드러냈기 때문이다. 지방에 할거한 군벌, 제국의 와해, 내부 집단의 반란, 외부 열강의 침입 등등이 새롭게 역학 관계를 짜게 되었을 때 기존의 제국 체제 안에서의 여러 고정 관념에 묶이지 않은, 상대적으로 유연한 사고를 할 수 있는 지방 군사 세력 가운데서 큰 성공을 거두는 사람들이 나오기 쉬웠을 것이다. 메흐메드 알리는 그러한 상황을 가장 극적으로 보여 주는 인물이다. 이 책을 옮기면서 메흐메드 알리가 국내외의 도전에 대해 퍼부은 무자비한 폭력에 충격받고 전율하고 분노하면서도, 번역 과정 내내 일종의 '악한惡漢 소설'을 읽는 것 같은 재미도 느꼈음을 고백하지 않을 수 없다. 그것은 저자가 이 책을 재미있게 잘 구성했음을 의미하기도 하지만, 메흐메드 알리가 살아간 시대의 위험함, 긴박함, 허무함 등이 21세기의 한국인에게도 절절히 다가오기 때문이기도 할 것이다.

원래 이 책은 원월드 출판사에서 이슬람권의 주요 인물에 대한 전기를 교양서로 기획한 '무슬림 세계를 만든 사람들Makers of the Muslim World'이라는 시리즈 가운데 한 권이다. 교양서로서의 기획에 따라 참고문헌도 소략하고 주도 달지 않았다. 중동 지역의 역사, 제도, 사료에 대한 설명이 필요한 곳에는 옮긴이가 각주를 달았으며, 따라서 모든 각주는 옮긴이주이다.

19세기 이집트사를 전공하지 않은 옮긴이가 번역하여 부족한 점이 있을 것이나, 아무쪼록 이 책이 국내 독자들이 중동과 이슬람권에 대해 느끼는 거리감을 줄여 줄 수 있기를 바라며, 중동 근대사의 한 페이지를 실감나게 경험하는 기회가 되었으면 한다.

또 이 책의 출판을 결정해 주신 일조각의 김시연 사장님과 안경순 선생님, 그리고 1년여의 세월 동안 깊이 있고 꼼꼼한 검토와 교정으로 옮긴이가 생각하지 못한 오류, 누락, 설명의 불충분함을 지적해 주신 황인아 선생님께 깊은 감사를 드린다.

2016년 7월

옮긴이 이은정

1

고향 마케도니아

서쪽으로 130킬로미터 정도 떨어져 있는 테살로니키Thessaloniki와 연결되는 고속도로를 따라 카발라로 접근하다 보면, 금방 이 작은 그리스 도시의 정적인 아름다움에 놀라게 된다. 수풀이 우거진 구릉으로 동서북 삼면이 둘러싸인 이 도시는 좁은 해안 평야를 따라 뻗어 나가고, 남쪽으로는 이프사리오Ypsario 산이 푸른 에게 해의 안개 위에 살짝 떠 있는 듯한 타소스Thasos 섬에 면하고 있다. 북쪽의 수풀이 우거진 산의 경치는 경사를 따라 내려오면서 점점 담배밭과 벼를 경작하는 논으로 이어진다. 양봉장과 포도밭들이 점점이 흩어져 있는데, 이는 이 도시의 배후지에서 풍족한 농업 경제가 유지되고 있음을 보여 주는 증거이다.

빼어난 경치를 자랑하는 카발라의 경관은 오래되고 풍부한 역사를 보여 준다. 꼭대기에 인상적인 비잔틴 양식의 성채가 있는 이 오스만 시대의 구시가지는 비잔틴 시대의 성벽에 둘러싸여 있는데, 이는 비잔틴 제국 시절 이 도시가 전략적으로 중요했음을 상기시켜 준다. 고대 도시 로마에서부터 아드리아Adria 해를 거쳐 마케도니아Macedonia와 트라키아Thracia를 지나 '새로운' 로마 콘스탄티노플Constantinople까지를 연결해 주는 유명한 에그나티아 가도Via Egnatia*는 말 그대로 이 도시를 관통하고 있다. 겨우 몇 킬로미터 북쪽에는 고대 필리피Philippi의 유명한 고고학 발굴지가 있다. 기원전 42년 여기에서 로마 제국의 운명이 결정되었고,** 그보다 거의 한 세기 후에는 사도 바울이 이곳에 유럽 최초의 기독교회를 지었다. 그리고 이러한 로마, 기독교, 비잔틴의 과거가 별것 아니라는 듯이, 카발라는 오스만 제국의 무라드Murad 1세에게 1387년 정복당하면서 또 한 번 역사적으로 중요한 단계를 겪는다. 긴 오스만 시대는 이 도시의 경관에 영향을 미쳤으니, 특기할 만한 것은 도시에 식수를 공급하는 인상적인 수도교, 그리고 도시 중앙의 큰 모스크―지금의 성 니콜라스St Nicholas 교회―이다. 둘 다 술레이만Suleiman 1세의 대재상이었던 이브라힘Ibrahim 파샤가 지은 것이다.

메흐메드 알리는 18세기 중후반에 오스만 제국의 유럽 지역, 특히 발칸 반도를 일컫는 루멜리아Rumelia***의 바로 이 도시에서 태어났다. 이

---

* 기원전 2세기 로마 시대에 만들어진 발칸 반도 남부의 간선도로로, 아드리아 해안의 두러스에서 콘스탄티노플까지 1,000킬로미터가 넘는 거리를 연결한다.
** 옥타비아누스가 카이사르의 암살자인 브루투스와 카시우스를 필리피에서 격파한 필리피 전투를 말한다.
*** 루멜리아는 일반적인 의미에서 발칸 반도를 지칭하고, 행정 구역명으로는 발칸 반도의 대부분을 차지했던 가장 큰 윌라예트(속주)를 의미한다.

사람은 대체 어떻게 지중해를 건너 이집트로 갔고, 어떻게 오스만 제국의 중요한 속주屬州였던 이집트의 통치자로 거의 반세기 동안 군림할 수 있었으며, 어떻게 자신이 죽은 후에도 100년을 더 통치한 왕조를 세웠을까. 이러한 모든 사건을 종합해 보면 대단히 흥미로운 이야기가 된다. 오스만식으로 역사를 서술할 때는 카발라 출신 메흐메드 알리 파샤로, 이집트에서 역사를 서술할 때는 주로 아랍어 철자대로 무함마드 알리로 부르는 이 사람은 '근대 이집트의 건설자'로 알려지게 되었다. 메흐메드 알리—모국어인 투르크어에서 부르는 이름—는 근대 이슬람사에서 두드러지는 인물의 하나가 되었고, 우리가 앞으로 살펴볼 것처럼 그의 인생담은 근대 이집트사의 아주 재미있는 한 장章을 통찰할 수 있게 해 준다. 더욱이 그가 이집트의 통치자로서 추구한 정책들은 오스만 제국의 긴 역사 동안 제국에 가해진 위협 중 가장 위험한 것이었다. 앞으로 이어질 내용은 이 대단한 사람에 관한 이야기이다.

출생

일반적으로 1769년을 메흐메드 알리가 태어난 해라고 생각하는 것은, 그가 이집트의 통치자가 된 뒤 많은 외국 방문객을 접견하면서 바로 그해를 자기가 태어난 해라고 이야기했기 때문이다. 1769년은 그가 탄복하며 자신과 관련을 짓고 싶어 한 두 정치가 나폴레옹과 웰링턴Wellington이 태어난 해이다. 아마도 그의 이야기를 열심히 듣고자 했던 수많은 방문객에게 이 점을 상기시키고 싶었기 때문에 바로 그해를 자기가 태어난 해로 선택했을 것이다. 그러나 삼각주 지역의 정점에 나일강 하구언이 착공될 즈음인 1847년에 만들어진 기념 메달에는, 메흐메드 알리가 이슬람력 1184년(서기 1770~1771년에 걸침)에 태어났다고 되어 있다. 이것을 그의 무덤에 새겨진 정보와 함께 종합해 보면, 그가 실제 태어난 해는 1770년일 가능성이 좀 더 높다고 할 수 있다.

메흐메드 알리의 출생에 대해 확실하게 알기 어렵다는 것은, 1801년 그가 이집트로 떠나기 전까지의 삶이 불명확함으로 가득 차 있음을 보여 주는 하나의 예에 불과하다. 미천한 출신에 그때까지 어떤 관직이나 공훈도 없던 메흐메드 알리가 루멜리아 역사책에 어떤 중요한 흔적을 남길 일은 거의 없었다. 나중에 이집트의 통치자가 된 다음, 자신을 위대한 동방의 지도자라고 생각하며 경험을 열심히 받아 적으려고 하는 외국 방문객들에게 메흐메드 알리는 소싯적 이야기를 순순히 해주었다. 그렇다고는 해도, 그는 자신의 젊은 시절 이야기를 아주 솔직하게 다 말해 주지는 않았다. 메흐메드 알리는 독일의 귀족 퓌클러-무스카우Pückler-Muskau에게 다음과 같이 이야기했다.

나는 내 인생에서 초년기를 좋아하지 않아요. …… 후손들이 메헤메트[원문대로] 알리가 이룩한 모든 것이 출생이나 다른 누군가에게서 덕을 입은 때문이 아니라는 걸 알기만 하면 돼요. 나의 역사는 내가 모든 제약에서 벗어나 사랑하는 조국 이집트를 오랜 세월 빠져 있던 잠에서 깨워 새로운 존재로 만들 때까지는 시작되지 않은 것이라오. (퓌클러-무스카우, 1845, I,

317~318쪽)[*]

메흐메드 알리는 스스로가 '싸움과 비참함, 교활함과 유혈'의 시절이라고 표현한 카발라에서의 초년기를 잊어버리고 싶어 했지만, 미래의 세대에게 사실을 숨길 수는 없었다. 알렉산드리아_{Alexandria}에 처음 도착했을 때, 그는 아기도 소년도 아닌 서른이 넘은 성인이었고 이미 결혼하여 자식이 다섯이나 있었다. 비록 메흐메드 알리가 거의 50년을 이집트에서 살았고 그의 명성과 영예가 이집트와 연관되어 있었지만—그는 이집트를 '내 나라'라고 부르게 되었다— 루멜리아에서의 성장기가 그의 이집트 정책과 인생관에 전반적으로 영향을 미쳤을 것이다.

유년기와 소년기

그의 어린 시절에 대해 사실이라고 증명할 수 있는 것은 별로 없다. 그러나 그의 아버지—이브라힘 아아_{Ağa}^{**}의 손자이며 오스만 아아의 아들인 이브라힘 아아—에 대해서는 의심할 바가 없다. 집안에서 전해오는 이야기에 따르면, 이브라힘 아아는 원래 카발라 출신이 아니며,

---

* Hermann Ludwig Heinrich von Pückler-Muskau는 자유주의 성향의 독일 귀족으로, 정원 조경에 조예가 깊은 예술가이자 군인이다. 그의 이집트 여행 경험을 담은 *Aus Mehemed Ali's Reich*, 3 vols.(1844)는 1845년 H. Evans Lloyd에 의해 *Egypt under Mehemet Ali* 라는 제목으로 영역되어 이 책에 인용되었다.

** 군인을 일컫는 칭호이다.

친할아버지는 중부 아나톨리아의 콘야Konya 지방 출신이라고 한다. 그 이전에는 좀 더 동쪽 지역에서 왔다고 하는데, 이 때문에 그들이 쿠르드 족이라 추측하기도 한다. 어쨌든 1700년경 카발라에 정착할 때쯤에는 쿠르드 족으로서의 정체성은 갖고 있지 않았다. 그들은 투르크어를 썼고 순니 이슬람을 믿었으며, 오스만 술탄의 신민들인 무슬림, 유대인, 정교회 기독교인들과 교유했다.

메흐메드 알리의 아버지에 대해서는 이름 이외에는 알려진 것이 거의 없다. 직업 군인이었다는 이야기도 있는데, 아마도 카발라를 관통하는 대로를 지키는 야간 보초대의 대장이었을 것이다. 메흐메드 알리와 아버지의 관계는 애매했다. 메흐메드 알리는 아기 때부터 아버지가 자기를 소중히 보살펴 보호받는 분위기에서 성장했다면서 칭송과 감사의 마음으로 아버지를 회상했다. 그러나 바로 이러한 아버지의 과잉 보호에 분개하는 것처럼 보이기도 했다. 메흐메드 알리는 부모가 자신을 끔찍이 아꼈으며 '교양인으로 키우려고' 열심이었다고 회상했다. "그리하여 나는 곧 여자같이 되고 게을러졌으며, 내 또래 친구들은 나를 경멸하여 종종 '메흐메드 알리는 무엇이 될까, 가진 것도 없고 아무 쓸모도 없으니!' 하고 놀렸다."면서, 자신이 열다섯 살이 되었을 때 이러한 수줍음을 극복하기로 결심하고 신체를 단련시킬 운동과 정신을 강하게 할 수련에 돌입했다고 했다. 여기에는 며칠씩 계속되는 단식과 잠 안 자고 버티기 같은 것도 들어 있었다(퓌클러-무스카우, 1845, I, 318쪽).

메흐메드 알리는 아버지는 자신이 아기였을 때 돌아가셨고 어머니도 어린 시절에 돌아가셨다는 주장을 하기도 했는데, 이는 아마도 아버지와의 양면적 관계도 있고 자신의 자수성가를 강조하고 싶은 욕망도 작용한 때문이리라. 그러나 이는 사실과 전혀 맞지 않는다. 왜냐하면 카발라에 있는 이브라힘 아아의 묘비명에는 그가 이슬람력 1205년(서기 1790~1791년), 즉 메흐메드 알리가 스무 살일 때 사망했다고 명시되어 있고, 메흐메드 알리의 어머니의 묘비명에는 5년 후인 이슬람력 1210년(서기 1795~1796년)에 사망했다고 되어 있는데, 이때는 벌써 메흐메드 알리는 결혼해서 세 명의 아이를 둔 아버지였다.

메흐메드 알리의 어머니에 대해서는 제이넵 하툰Zeyneb Hatun이라는 이름과, 카발라 북쪽 드라마Drama 지방의 누스레틀리Nusretli라는 작은 마을 출신이라는 것밖에는 거의 알려진 것이 없다. 그녀 역시 아들을 오냐오냐하면서 키워서 나중에 메흐메드 알리가 지나치게 과잉보호를 받으며 자랐다고 생각하게끔 만들었을 가능성이 있다. 아마도 제이넵의 형제가 카발라 군의 수령이었던 것으로 보인다(아리프, 출판 연도 불명, I, fol. 3).* 그렇다면 그녀가 메흐메드 알리를 근처의 꾸란 학교** 가운데 어디에라도 보내 읽고 쓰기를 가르치는 것은 쉬운 일이었을 것이다. 그러나 실제로는 그러한 노력을 전혀 하지 않았고, 그녀의 아들은 훨씬 나이가 들어 마흔 살이 되어서야 글을 배웠다. 글을 모르는 메흐메드 알리가 외삼촌이나 외삼촌의 친구였을 드라마 군의 수령이 마련해 줄

---

* 메흐메드 아리프 베이의 *Ibar al-Bashar fi al-Qarn al-Thalith 'Ashr*는 이집트 국립 문서고에 소장되어 있는 필사본이 사용되었으므로 출판된 책이 아닌 것으로 보인다.
** 마치 서당처럼 기초적인 읽기와 쓰기를 가르치고 꾸란을 중심으로 하는 종교 교육도 실시하는 초등 교육기관이다.

수 있는 서기직 같은 데 취직하기는 어려웠을 터이다. 그래서 그는 아버지가 부업으로 했다고 전해지는 담배 무역에 운을 걸어 보았다. 이렇듯 무역에 잠깐이나마 종사했던 과거가, 메흐메드 알리가 이집트에 오기 전에는 상인이었다는 통념을 불러일으켰다. 아버지를 도와 얼마나 오랫동안 무역업을 했었는지는 분명하지 않지만, 그가 무역의 중요성을 온전히 이해하는 데 직접 무역업을 한 경험이 꼭 필요한 것도 아니었다. 카발라는 품질 좋은 담배밭으로 둘러싸여 있었을 뿐만 아니라, 수심이 깊은 천연 항구를 갖고 있지는 못했지만 오스만 제국에서 가장 크고 분주한 상업 중심지인 테살로니키와 이스탄불을 잇는 전략적 위치 때문에 상업적으로도 매우 중요한 곳이었다.

메흐메드 알리가 자신의 청소년기에 관련된 몇몇 회고담을 통해 외국인 추종자들에게 깊은 인상을 심어 주려고 했던 덕목이 상업적 재능은 아니었다. 그보다는 의지력과, 자신에게 닥쳤던 수많은 곤란을 어떻게 이겨 냈는지를 강조했다. 신체적인 운동으로 소꿉동무들에게 도전한 것, 기마술을 배워 높은 경지에 오른 것, 끝내는 친구들이 자신을 동등한 자격이 있다고 인정하게 만들고 심지어는 그들보다 약간 더 힘이 세다는 것을 인정하게끔 한 것 등이다. 다음 글은 메흐메드 알리가 즐겨 하던 이야기 가운데 하나로, 용기, 결심, 자제, 우월 등 그가 방문객들에게 감명을 주고 싶어 하던 주제들을 잘 보여 준다.

폭풍이 몰아치던 날, 아직까지도 내가 소유하고 있는 작은 섬까지 친구들하고 노를 저어 가는 내기를 했던 사실을 잘 기억하고 있지요. 그때 섬에

닿은 사람은 나밖에 없었는데, 난 손의 살가죽이 벗겨지는 고통 따윈 생각지도 않고 목표로부터 멀어지지 않으려고 애를 썼어요. 이런 식으로 나는 정신과 신체를 계속 발전시켜 나갔고, 그래서 이미 이야기한 바와 같이 나중에 좀 더 심각한 상황, 즉 우리 마을에 분쟁이 일어났을 때 나 자신과 다른 사람들에게 나의 대담무쌍함을 보여 줄 수 있었지요. (뮈클러-무스카우, 1845, I, 318쪽)

여기에서, 다른 많은 이야기에서처럼 수줍거나 부드러운 것과는 거리가 먼 젊은이의 모습을 볼 수 있다. 메흐메드 알리가 소꿉친구들에게 겁을 먹던 시절은 완전히 지나간 것으로 보인다. 이제 오히려 그가 친구들에게 겁을 주고 있었다. 이러한 이야기는, 소꿉친구들의 영혼을 꿰뚫어 보며 그들을 충성스럽고 존경을 바치는 부하 집단으로 만드는 데 성공한 한 인간의 성장사를 보여 준다. 그의 대단한 지도력은 이렇듯 젊은 시절부터 알아볼 수 있었다. 그는 자기 주위에 모여든 젊은이들에게서는 존경을 받았고, 다른 사람들에 대해서는 위협하는 대신 잘 구슬리는 것만으로도 자기 명령을 듣도록 할 수 있었다. 그리고 이런 이야기들에서 메흐메드 알리가 자기 도시 사람들만이 아니라 이웃 도시 사람들로부터도 어떤 일이든 바로잡고 지역 내 민원을 빠르고 확실하게 처리해 줄 수 있는 사람이라는 평판을 얻었음을 짐작할 수 있다.

예를 들면, 메흐메드 알리는 외삼촌인 카발라의 수령에게 세금을 내지 않고 완강히 버티는 몇몇 마을에서 세금을 받아 주겠다고 제안한 적이 있다. 약간 망설인 끝에 수령은 그렇게 하도록 허락했고, 메흐메드

1. 고향 마케도니아 **33**

알리는 그 즉시 추종자들과 함께 그중 한 마을로 갔다. 마을의 건장한 남자들과 그들의 본거지에서 대결하는 대신, 메흐메드 알리는 마치 기도를 할 것처럼 모스크로 향했다. 그러고는 비밀리에 마을의 장로 네 명을 모스크에서 만나자고 불렀고, 별 의심 없이 모스크에 온 사람들은 곧 자신들이 인질이 되어 버렸음을 깨달았다. 마침내 마을 사람들은 세금 체납분을 내겠다고 마지못해 동의할 수밖에 없었다.

결혼

카발라의 수령은 세금을 거둬들인 사실은 물론 좋아했겠지만, 조카가 쓴 방법은 좋아하지 않았다. 그는 이 젊은이를 좀 누그러뜨려야 한다고 느꼈고, 따라서 조카가 결혼을 하고 가정을 꾸리겠다고 했을 때 아마도 크게 안도했을 것이다. 이웃한 드라마의 수령을 방문한 메흐메드 알리는 결혼할 만한 적당한 아가씨가 있는지 물었다. 그리고 어머니 고향인 누스레틀리 출신의 에미네Emine라는 젊은 여자가 있다는 이야기를 들었다. 그런데 이 아가씨의 '전 남편'이 결혼이 실제로 성립하기 전에 총에 맞아 죽었고 그 남자가 이 아가씨에게 약간의 재산을 물려주었다고 온 동네에 소문이 나서, 어쩌면 이 아가씨에 대해 메흐메드 알리가 이미 알고 있었을 수도 있다. 에미네의 사회적 지위가 자기보다 높았기 때문에 메흐메드 알리는 수령의 제안을 그다지 진지하게 생각하지 않았다. 그러나 그에게는 엄청난 행운으로, 드라마의 수령은 진지하게 제안한 것이었으며, 메흐메드 알리의 외삼촌도 그 방향으로 일을 밀어붙였다. 외삼촌은, 메흐메드 알리가 누스레틀리로 가서 아내의 집에서 살림을 차리는 것이 이 젊은이를 안정시키는 데 안성맞춤이라고 생각했을 것이다.

메흐메드 알리는 열일곱 살이던 1787년에 에미네와 결혼했다. 에미네는 1823년 알렉산드리아에서 죽을 때까지 헌신적인 아내였다. 그들은 다섯 명의 자녀를 두었는데, 모두 그들이 누스레틀리에 사는 동안에 태어났다. 그들은 테우히데Tevhide(1787~1830), 이브라힘Ibrahim(1789~1848), 아흐메드 토순Ahmed Tousson(1793~1816),* 이스마일Ismail(1795~1822), 그리고 나즐르Nazlı(하티제Hatice라고도 함, 1799~1860)였다. (에미네가 죽은 다음 메흐메드 알리는 많은 아내와 후궁을 거느렸고, 거기서 스무 명 정도의 아이가 태어났으나 대부분은 아기 때 사망했다.)

젊은 메흐메드 알리는 많지 않은 아내의 재산을 수익성이 좋은 담배 무역에 투자해서 늘어나는 가족을 부양했다. 메흐메드의 옛 친구들은 그를 그냥 내버려 두지 않고 가끔 자기들의 무모한 장난에 끌어들였던 것 같다. 그런데 이러한 여러 모험 가운데 하나가 메흐메드 알리의 외삼촌이 받아들이기에는 너무 심한 일이었고, 결국 그는 조카를 어딘가 멀리 보내 버릴 궁리를 하게 되었다.

이 사건은 메흐메드 알리와 같은 카발라 출신으로 역시 용감하고 힘세다고 소문난 아우Ağu라는 남자와 관련된 일이었다. 이 사람은 친형제인 오스만Osman 아아와 사이가 틀어져 싸움을 벌였다. 결국 오스만 아

---

* 저자는 이 책에서 Ahmed Tousson이라는 철자를 써 '투손'으로 발음하도록 했지만, 투르크어에서는 Tosun이라고 쓰며 발음은 '토순'이다.

아가 친형제인 아우를 죽이고는 카발라의 수령의 집으로 피신했다. 주인의 허락을 구하지도 않고 메흐메드 알리와 그의 패거리들은 외삼촌의 집에 쳐들어가 살인자를 잡아 가지고 집 밖으로 끌어냈다. 그러고는 가까운 나무에 매달아 교수형에 처하고 말았다. 수령은 조카가 법의 집행을 제 손으로 해 버린 것에 진노했다. 그러나 메흐메드 알리의 인기와 일을 해결하는 능력을 고려할 때 수령이 할 수 있는 일은 별로 없었다.

결국 수령은 이 곤경에서 빠져나갈 탁월한 방법을 찾았다. 3년 전, 젊지만 이미 이탈리아에서 명성을 얻은 나폴레옹이라는 장군이 지휘하는 프랑스의 대군이 이집트에 상륙했는데, 이 소식에 오스만 제국 전체가 충격을 받았다. 이는 프랑스가 전통적으로 유럽 내에서 오스만 제국의 동맹 세력이었기 때문에 더욱더 충격적이었다. 1517년 이래 제국의 일부이며 중요한 속주로 해마다 총독이 막대한 조공을 바치는 이집트를 잃을 수는 없었다. 더욱이 술탄은 메카와 메디나로 가는 순례길을 보호할 의무도 지고 있었다. 외교적 교섭이 실패한 1801년경 영국으로부터 작전을 도와주겠다는 확약을 받은 후, 술탄은 프랑스 인들을 무력으로 내쫓기로 결심했다. 대재상 유수프 지야Yusuf Ziya 파샤가 이끄는 신식 훈련을 받은 군대가 시리아로부터 육로로 파견되었다. 술탄은 루멜리아에서 4,000명의 군인을 더 동원하여 파견하고자 했고, 카발라의 수령에게도 이집트에 파견할 300명의 비정규군을 소집하라는 명령을 내렸다.

바로 이것이 카발라의 수령이 그의 말썽꾸러기 조카로부터 해방되는 기회가 되었다. 그는 루멜리아 총독에게 메흐메드 알리의 용기와 용맹을 부풀려서는 그의 조카를 이집트로 향하는 군대에 끼워 넣는 데 성공했다. 메흐메드 알리는 이 군대에서 두 번째로 높은 지위에 올랐는데, 여기서 가장 높은 지휘관은 수령의 아들 알리Ali 아아로 정해져 있었다. 메흐메드 알리는 아내와 자식을 남겨 두고서 자신의 인생행로뿐만 아니라 이집트와 오스만 제국의 운명을 바꾸게 될 여행길에 올랐다.

2

이집트의 진흙탕

1801년 메흐메드 알리가 도착할 당시, 이집트는 프랑스의 원정군인 동
방군l'Armé de l'Orient과의 계속된 싸움으로 황폐화되어 있었다. 3년간
프랑스 인들은 이 나라를 평정하고 동지중해에 근거지를 마련하려고 노
력했다. 젊은 장군 나폴레옹 보나파르트는 이렇게 함으로써 프랑스의
영향력을 좀 더 동쪽으로 넓혀 영국의 인도에 대한 기득권을 위협하는
발판을 만들고자 했다. 그러나 이집트의 주민들은 도시든 농촌이든,
하이집트의 삼각주 지역이든 상이집트 지역이든 어느 곳을 막론하고 나
폴레옹의 선언, 즉 프랑스 인들은 이슬람을 존중하고 있으며 그저 지역
내 군벌인 맘루크를 제거하고 이집트를 다시 오스만 제국의 품 안으로
되돌려 놓기 위해 왔을 뿐이라는 선언에 쉽게 설득되지 않았다. 사막의
베두인 족, 시골의 농민들, 그리고 도시민들에 의한 무장 저항 운동이

사방에서 일어났다. 카이로에서도 폭동이 한 번도 아니고 두 번이나 일어났으며, 프랑스 인들은 이 두 번의 폭동을 매우 잔혹하게 진압했다.

그러나 군사적으로 가장 거세게 저항한 것은 남쪽의 맘루크들이었다. 수 세기 동안 이 군벌들은 군사 가문을 설립하여 캅카스와 그루지야(조지아)로부터 잡혀 오거나 팔려 온 소년들과 청년들을 훈련시켜 시종, 경호원, 하인, 부하로 삼았다. '맘루크'는 원래 아랍어로 '소유당한 자'라는 뜻이다.* 나폴레옹의 군대가 이집트를 침략했을 때 맘루크들은 그곳에서 확고하게 뿌리를 내리고 있었다. 각각의 맘루크 베이bey**는 사적 공간, 정원, 부엌, 분리된 여성 거주 구역, 그리고 가장 중요한 군 막사를 갖춘 가문bayt을 이루고 있었다. 수익성 있는 무역(특히 예멘과의 커피 무역)에 종사하는 한편 농촌으로부터 세금을 걷는 데 군사력을 사용함으로써 맘루크 베이들은 자신들의 금고를 채웠고, 그리하여 다시 더 많은 젊은이를 그루지야에서 데려올 수 있었다. 그들은 어찌 되었든 거둔 세금의 일부를 이스탄불로 보냈고, 오스만 제국의 수도와 불안정하나마 공존할 수 있는 방법을 만들어 낼 수 있었다.

나폴레옹이 이집트를 침략하면서 맘루크 베이들이 이루어 놓은 효과적인 통제 구조는 심각한 도전을 받게 되었다. 프랑스 인들은 맘루크 베이들을 카이로의 저택에서 몰아냈고, 아랍과 예멘으로 통하는 무역로

---

* 맘루크는 이러한 노예 출신의 군사를 말한다. 대개 일정 기간이 지나면 해방되어 자유로운 신분이 되었다.
** 베이는 투르크어에서 군사 지도자를 의미하는 칭호로, 여기서는 특히 맘루크 군사 가문의 우두머리들을 의미한다.

를 차단했으며, 농지를 빼앗았다. 맘루크들은 피라미드 전투(1798년 7월 21일)에서 패배한 다음 남부로 물러났는데, 거기에서도 프랑스군에 대한 공격을 멈추지 않았다. 맘루크 지도자 가운데 하나인 이브라힘Ibrahim 베이는 시리아로 망명하여 그곳에서 프랑스군을 공격했다.

1801년 봄 이집트에 도착한 메흐메드 알리는 바로 이러한 복잡한 군사적 상황에 맞닥뜨리게 된다. 서른한 살로 육체적으로 강한 시기이고 이미 어느 정도 전투도 경험한 그였지만, 당시 메흐메드 알리 앞에 놓인 군사적 상황은 카발라나 누스레틀리에서의 그 어떤 경험보다도 더 복잡했다. 더욱이 카발라 출신들로 이루어진 작은 부대의 지도자 알리 아아—그의 친지이자 협력자였던 수령의 아들—는 이집트에 가던 도중 이유도 밝히지 않고 메흐메드 알리를 이 작은 부대의 지휘관으로 남겨 놓고는 집으로 돌아가 버렸다. 얼마 안 돼서 이 부대가 훨씬 규모가 큰, 약 4,000명으로 구성된 알바니아 민병대와 합치게 되면서 상황은 복잡해진다. 알바니아 인들은 반항적이고 충동적인 행동으로 오스만 제국 전역에 널리 알려져 있었는데, 이들은 또한 열정과 용맹으로도 유명했다. 서로 다른 언어를 쓰고 발칸 반도의 여러 곳에서 모인 이 군인들은, 동향인 카발라 출신들로만 이루어진 메흐메드 알리 예하의 군인들에 비해 훨씬 더 다루기 힘들 것이었다. (나중에 보게 되겠지만 알바니아 인들과 가깝게 지낸 것이 메흐메드 알리가 알바니아계라는 오해를 불러일으킨다.)

이미 복잡한 상황을 더 복잡하게 만든 것은, 메흐메드 알리가 속하게 된 해군의 사령관이 다름 아닌 오스만 해군의 대제독 휘세인Hüseyin

파샤였다는 점이다. 이집트로 출정하기 전 대제독은 앞으로 상비군의 중핵을 이룰 군대의 훈련을 감독했는데, 술탄은 대제독이 이 군대로 거대한 제국의 여러 지방을 확고하게 지배해 줄 것을 희망했다. 대제독은 그들 중 1,200명을 이집트로 데려가 시험해 봄으로써 그들을 훈련시키는 데 따른 재정적·정치적 도박이 그만한 가치가 있다는 것을 증명할 생각이었다. 이 군대는 니잠 으 제디드Nizam-ı Cedid,* 즉 '신질서'라는 이름으로 불렸으며 제국의 역사에서 결국 결정적인 역할을 수행하게 된다.

끝으로, 메흐메드 알리는 이미 혼란스러운 군사적 상황에 더하여 곧 자신이 포함된 다양한 구성의 오스만군에 영국 함대가 합류하게 될 것임을 알게 되었다. 그들은 이집트에서 프랑스 인을 몰아낼 의도를 가지고 있었다. 영국은 나폴레옹의 원정이 시작될 때부터 프랑스의 이집트 공격이 자신들의 식민지 인도에 대한 위협이라는 것을 정확히 알고 있었고 프랑스가 이집트에서 입지를 확보하려는 시도를 무산시키고자 했다. 영국 제독 허레이쇼 넬슨Horatio Nelson(해군 소장)은 이른바 아부키르 만 해전(1798년 8월 1~2일)에서 프랑스 함대를 격파한 전적이 있다. 해전이 있고 3년 후 술탄이 프랑스군을 이집트에서 쫓아내는 것을 도와 달라고 요청하자 영국은 당연히 열성적으로 부응했다. 간단히 말해서, 메흐메드 알리는 그 당시 세계에서 가장 선진적인 군사 강대국들 및 휘세인

---

* 니잠 으 제디드는 오스만 제국의 개혁 군주 셀림 3세가 창설한 신식 군대로, 서양식 제복을 입고 유럽 인 교관에게서 훈련을 받았으며 상당한 역량을 갖추었던 것으로 알려졌다. 1807년 셀림 3세가 정변으로 폐위되면서 이 군대는 사라졌다.

파샤와 특수 훈련을 받은 그의 군대 니잠 으 제디드와 조우하여 오스만 제국에서 가장 대담하고 독창적인 군사 개혁 과정을 직접 지켜보게 된 것이다.

평생의 숙적 '휘스레우 파샤'를 처음 만나다

몇 주 동안의 항해 끝에 드디어 이집트의 해안이 수평선 위에 나타났다. 하선하고 얼마 지나지 않아 메흐메드 알리는 프랑스군의 거점을 향한 소규모 군사 공격에 가담한다. 이 공격을 지휘한 사람은 대제독의 부관lieutenant 메흐메드 휘스레우Mehmed Hüsrev 파샤로, 그는 메흐메드 알리의 평생의 숙적이 되는 인물이다. 그 후 50년간 두 사람은 서로 물고 물리는 상황에 수없이 맞닥뜨리게 된다.

휘스레우 파샤가 메흐메드 알리보다 열 살쯤 더 나이가 많았는데, 두 사람은 출신 배경이 매우 대조적이었다. 메흐메드 알리와는 달리, 휘스레우 파샤는 오스만 제국의 심장부 출신으로 술탄의 궁정에서 교육받았다. 대제독 휘세인 파샤가 사들인 그루지야 출신의 젊은 노예인 휘스레우는 주인의 가문에서 자랐으니, 대제독은 그를 양육하여 가장 가까운 심복으로 삼았다. 휘스레우는 술탄의 궁정 노예였다가 자유민이 된 두 여자와 결혼했다. 첫 번째 부인은 술탄의 모후의 노예 출신이고, 두 번째 부인은 대제독의 부인이기도 한 술탄의 여동생의 노예 출신이다.

이집트에서의 첫 번째 군사 행동 후, 휘스레우 파샤와 메흐메드 알리는 알바니아 인과 카발라 인으로 구성된 부대들 및 오스만 제국의 대군과 함께 카이로를 향해 남쪽으로 진군했다. 거기서 그들은 대재상 유수프 지야 파샤가 이끄는 또 다른 오스만 부대와 합류했다. 이렇게 합쳐진 오스만 육군과 해군 병력이 1801년 7월에 카이로에 입성하자 기쁨에 찬 카이로 군중은 그들을 따뜻하게 맞이했다. 군중은 군인들이 저잣거리를 행진하자 "신께서 술탄에게 승리를 내리시기를!"이라며 환호했다(자바르티, 1994, III, 389쪽).*

프랑스군의 철수와 관련된 사항들에 합의하고 나서, 휘세인 파샤는 배를 타러 북쪽으로 향했다. 프랑스군은 곧 이집트를 떠났고, 이로써 3년을 약간 넘는 프랑스의 점령기는 종지부를 찍었다. 오스만 제국은 술탄의 이름으로 이집트를 다스릴 새 총독을 임명했는데, 이는 이집트가 자기 영토라는 분명한 표현이었다. 새 총독은 다름 아닌 휘세인 파샤의 심복 휘스레우 파샤였다.

이스탄불의 권위가 공식적으로는 회복되었다고 해도, 그 권위에 은근히 반발하고 있던 맘루크 베이 문제가 해결되지 않아 상황이 정상으로 돌아가지는 못했다. 지난 3년간 프랑스군과 끊임없이 싸워 온 맘루크의 전투력은 분명히 약화되어 있었다. 이제껏 한 번도 하나로 통일된 적이 없었던 맘루크들이었지만 이전의 어느 때보다도 더욱더 분열되어 있었다. 유력한 지도자 중 한 사람이던 무라드Murad 베이가 1801년 봄 역병으로 죽고 그의 라이벌인 이브라힘 베이는 프랑스 점령기 동

---

* 19세기 초 오스만 이집트의 역사학자 압둘라흐만 알 자바르티의 대표적 연대기 'Aja'ib al-Athdr fi'l-Tarajim wa'l-Akhbar(1994)로, 1688년에서 1821년까지의 역사를 담고 있다.

안 시리아로 떠나 버렸기 때문에 상황이 더욱 복잡해졌다. 결국 맘루크 분파들의 주도권은 무라드 베이 가문 출신의 우스만 베이 알 바르디시 Uthman Bey al-Bardisi와 무함마드 베이 알 알피Muhammad Bey al-Alfi에게 돌아갔다.

이러한 분열을 이용하여 당시 이집트에 있었던 오스만 당국자들, 즉 대재상과 대제독은 맘루크라는 존재를 완전히 없애 버리려고 했다. 맘루크 베이들이 비밀리에 영국과 협상을 하고 있다고 의심한 대재상은 1801년 10월 20일 그들을 카이로로 초대하여 그중 아홉 명을 즉각 체포했다. 이틀 뒤 대제독은 알렉산드리아에 있던 맘루크 베이들을 기함旗艦에 초대했다. 카이로에서 동료들에게 어떤 일이 생겼는지 알지 못했던 맘루크 베이들은 대제독의 초대에 응했다. 그런데 그들이 마주하게 된 것은 과거 행적을 사면받는 데 필요한 전제 조건—즉, 술탄에 대한 충성 서약과 함께 대제독을 따라 이스탄불에 가는 것—에 동의하라는 압박이었다. 사소한 문제가 있었지만 오스만 당국자들의 계획은 성공한 듯이 보였다. 맘루크 베이들은 자기들이 함정에 빠졌음을 알게 되었고, 알 알피 베이를 비롯한 초대에 응하지 않았던 사람들은 알바니아 부대의 지휘관 타히르Tahir 파샤에 의해 남쪽으로 쫓겨났다. 그러나 맘루크 베이들이 오스만 제국의 수도로 호송되기 직전—그들은 이스탄불에서 어떤 가혹한 운명이 기다리고 있을지 두려움에 떨고 있었다—영국 정부에서 맘루크 동맹자들에게 무슨 일이 일어났는지 알게 되었다. 이에 영국 정부에서는 오스만 당국에 강력히 항의했고, 결국 맘루크 베이들은 석방되었다.

이 사건은 프랑스군이 철수한 이후 이집트가 얼마나 불안정한 상황에 놓여 있었는가를 여실히 보여 준다. 오스만의 술탄은 적법한 군주였으나 대재상과 대제독을 파견하고도 지배권을 효과적으로 확립할 수 없었다. 한편 맘루크 베이들은 분열되고 약화되어 술탄의 분노를 영국의 도움을 얻어 간발의 차이로 겨우 피할 수 있었다. 영국은 동맹 관계인 맘루크들이 종래의 위치를 되찾도록 열성적으로 도왔다. 그러나 이러한 도움은 맘루크들이 술탄의 종주권을 인정한다는 조건하에서만 가능하다는 입장이었다. 다시 말해서 영국은 이집트에 있는 동맹자를 돕고 싶은 마음과 술탄의 권위를 위태롭게 하거나 술탄의 제국을 위험하게 만드는 위협 사이에서 균형을 잡아야 했다.

그러므로 메흐메드 알리가 이집트에 상륙하고 나서 6개월이 지났음에도 군사적으로는 많이 안정되었지만 정치적으로는 여전히 일촉즉발의 상황이었다는 것은 놀랄 일이 아니다. 1801년 10월 9일 프랑스와 오스만 제국 사이에 맺은 평화 조약으로 대치 상황은 공식적으로 종결되었고, 영국도 프랑스군의 철군을 감독한 후 결국 1803년 3월에 이집트로부터 모든 병력을 철수했다. 또 대제독과 함께 왔던 '신질서'군(니잠 으 제디드)은 1801년 11월 21일 알렉산드리아에서 떠나갔고, 대재상 휘하의 예니체리 육군은 1802년 2월 13일 시리아를 거쳐 돌아갔다.

오스만 인들은 비록 군사력을 이집트에서 철수하긴 했으나, 실제로는 이 중요한 지역의 지배권을 재확립하려는 생각이 간절했다. 그들은 새로 임명한 총독 휘스레우 파샤에게 맘루크 베이들을 봐주지 말고 제압해서 이집트에 대한 이스탄불의 실질적인 지배권을 회복하라는 임무를 맡겼다. 그러나 맘루크들은 이스탄불에서 생각하는 것보다 훨씬 더 복속시키기 어려운 세력으로 드러났다. 맘루크 지도자들은 프랑스에 대항해 싸운 것에 대한 보상을 요구하는 동시에, 프랑스 인들에게 몰수당한 재산을 되찾으려는 데 열심이었다. 한편 휘스레우에게는 맘루크들에게 치명타를 날리기는커녕 그들을 복속시키는 데 필요한 수준의 군사적 수단도 없었다.

휘스레우는 예니체리로 이루어진 소규모 수비 병력을 지휘하고 있었다. 맘루크들이 상이집트를 대부분 장악하고 나일 삼각주의 비옥한 지역으로 세력을 점점 뻗쳐 오고 있는데, 휘스레우는 병력을 더 징발하기는커녕 예하 부대 군인의 봉급을 주기 위한 세금조차 걷지 못하고 있었다. 그래서 그는 이집트에 남은 단 하나의 대규모 군사력, 즉 타히르 파샤와 그의 부관 메흐메드 알리(그는 1801년 말 병참 장교인 세르체쉬메sarcheshme*로 승진했다) 예하의 4,000명이 넘는 알바니아 인 부대에 의존했다. 휘스레우는 타히르와 메흐메드 알리의 도움을 받아 삼각주 지역의 맘루크들을 여러 차례 공격했으나 결정타를 날리지는 못했다. 이에 화가 난 이스탄불 정부는 휘스레우에게 공식적으로 가혹한 질책을 퍼부었다.

이스탄불의 지시에 부응하고자 휘스레우는 맘루크들에 대한 또 한 차례의 대공세를 준비하기 시작했다. 말을 구할 수 없었던 휘스레우는 카이로의 당나귀 몰이꾼들에게 도시에서 찾을 수 있는 한 최대한 많은 당나귀를 모으도록 지시했다. 그 결과 당나귀 약 3,000마리를 모을 수

---

* 특히 비정규군의 충원을 맡은 장교를 의미한다. 원래의 투르크어는 'serçeşme'이다.

있었다. 민중들은 파샤가 큰 기대를 걸고 있는 원정을 빈정거리듯 '당나귀 원정'이라고 불렀다. 휘스레우는 마침내 삼각주 가운데의 다만후르 Damanhour 지역에서 적과 대적하게 되지만, 대단한 기병으로 유명한 맘루크들에게 패배하고 말았다. 여기서 중요한 사실은, 전투가 벌어지는 동안 메흐메드 알리가 그저 가만히 있으면서 적과 싸우지도 않았고 휘스레우를 돕는 것도 거부했다는 것이다. 더욱이 전투가 끝난 뒤에는 자신의 알바니아 인 부대를 카이로로 보내 봉급을 요구하도록 조종했다. 휘스레우는 자신의 귀를 의심했다. "아무것도 안 했으면서 도대체 무슨 권리로 봉급을 받겠다는 것인가?" 하고 그들에게 물었다. 그러고는 메흐메드 알리를 한밤중에 성채로 불러 전투 동안과 전투가 끝난 후에 그가 한 행동에 대해 심문하려 했다. 메흐메드 알리는 모호한 핑계를 대며 성채에 가기를 거부했는데, 이는 확실한 불복종 행위였다. 자바르티는 두 사람 사이의 갈등에 대해 다음과 같이 말했다.

이 낭패[다만후르의 패배]는 파샤와 군 사이에 갈등을 초래했다. 메흐메드 알리 세르체쉬메는 그 가운데 가장 두드러진 인물이었다. 파샤는 그를 [성채로 초대함으로써] 함정에 빠뜨리려고 했으나 그가 극히 조심스러웠으므로 이는 성공하지 못했다. …… 이것이 메흐메드 알리의 첫 등장이었고, 이때 이후로 그의 중요성은 커져 갔다. (자바르티, 1994, IV, 46쪽)

이집트 총독이 되고 얼마 지나지 않아 휘스레우는 카이로 시장에 평화를 다시 가져오는 데 성공했고, 민중들은 그가 수년간 계속된 점령,

전쟁, 기근을 끝내고 평화를 가져올 인물이라고 느꼈다. 그러나 카이로 바깥으로 조금이라도 영향력을 펼치려면 군대를 새로 징집해야 했고, 거기에는 군인들에게 어떻게 봉급을 줄 것인가의 문제가 걸려 있었다. 휘스레우는 결국 자기 노예 일부에게 프랑스식 군사 훈련을 시키기 시작했는데, 이 역시 제복이며 식량에 드는 비용을 어떻게 조달할 것인가에 대한 억측을 불러일으켰다. 결국 안심하고 세금 걷는 일을 맡길 군사력도 지니지 못한 채 카이로 시민들에게 3년간의 인두세를 부과하는 것 외에는 총독에게는 다른 선택의 여지가 없었다.

설상가상으로 타히르 파샤와 메흐메드 알리 예하에 있던 알바니아인 부대는 1803년 4월 29일 보란 듯이 폭동을 일으켰다. 이유는 그전과 마찬가지로 밀린 봉급을 달라는 것이었다. 휘스레우 파샤가 예산이 없다고 말하자 부대는 도시에서 난동을 부렸다. 시장은 문을 닫고 사람들은 자기 집에 숨었지만 그래도 여기저기에서 약탈과 살인이 일어났고, 이에 카이로 시는 금세 통제 불능이 되어 버렸다. 4일간의 격렬한 전투 끝에 휘스레우 파샤의 집마저도 공격받아 폭삭 무너져 버렸다. 카이로에서는 더 이상 희망이 없다는 것을 알아차린 휘스레우는, 가족을 데리고 소수의 지지자들의 호위 속에 알바니아 인 부대의 추격을 겨우 따돌리고 다미에타Damietta로 도망쳤다(자바르티, 1994, III, 364~372쪽).

이 사건은 메흐메드 알리와 휘스레우가 평생토록 벌이는 여러 차례 대결 가운데 첫 번째 대결이었다. 그리고 이러한 유혈 사태들에 대해 우리에게 주요한 정보를 제공한 자바르티가 비록 메흐메드 알리를 직접적으로 지목하지는 않았지만, 그가 어떻게 행동했는지 짐작하기는 어렵지 않다. 메흐메드 알리가 폭동의 주동자는 아니었을 수도 있지만, 알바니아 인 부대의 제2인자로서 만약 본인이 원했더라면 군사들을 달랠 수도 있었으리라. 그러나 직속상관 타히르 파샤가 휘스레우를 비난하며 체불된 봉급을 요구하라고 군인들을 부추겼으므로, 술탄의 대리자인 총독에 대항하는 반란을 제압하지 않는 데 따르는 엄청난 위험에도 불구하고 메흐메드 알리는 대세에 따르기로 작정한 것으로 보인다.

카이로의 적법한 통치자가 축출되면서 도시 내 상황은 더욱 위태로워졌다. 지방 재정이 사실상 바닥난 상태에서 알바니아 인, 예니체리, 베두인 족 등 모든 군이 체불된 봉급을 달라며 거리에서 날뛰고 있었으니 상황이 악화되는 것은 뻔한 일이었다. 예니체리들은 이때 봉급을 요구하면서도 알바니아 인들의 세력이 커지는 것을 보면서 불안해했다. 그들은 실제로는 "자신들(예니체리)이 제국 군대의 주력이며 알바니아 인들은 자기들의 하인, 사병, 하급자"라고 여겼음에도 알바니아 인들이 "자신들을 멸시하고 깔보는 것"에 대해 불안해한 것이다(자바르티, 1994, III, 376쪽). 소요가 시작되고 거의 한 달이 지난 5월 26일, 타히르가 맘루크들과 협약을 맺을 단계에까지 이르렀다는 소문이 돌자, 이에 자극받은 예니체리들이 그에게 봉급을 달라고 요구했다. 타히르는 전에는 휘스레우를 핑계로 대며, 자기 수하의 알바니아 병사들의 봉급은 챙겨 주면서 예니체리들에게는 휘스레우에게 따지라고 부추겼었다. 그러나 휘스레우가 사라진 지금은 더 이상 발뺌을 할 수 없었다. 타히르는 집에 쳐들어온 250명의 예니체리들과 열띤 말싸움을 벌였는데, 결국 한 군인의 칼에 목이 베여 창밖의 정원으로 내던져졌다. 그러고는 예니체리와 알바니아 인들이 카이로 거리에서 피비린내 나는 싸움을 벌였다. 군인들이 도시를 쑥대밭으로 만들며 싸우는 것을 중지시킬 만한 강력한 힘은 어디에도 없는 것처럼 보였다.

타히르가 암살된 후 알바니아 부대의 지휘권은 메흐메드 알리에게 넘어갔고, 그는 맘루크 이외에는 가장 강하다고 할 수 있는 강력한 군사를 지휘하게 되었다. 메흐메드 알리는 이집트에 온 후 2년 동안 종종 알바니아 인이라고 간주될 정도로 알바니아 인 지도자들과 좋은 관계를 맺고 있었다. 그는 이제 알바니아 인들의 충성에 의지하는 단계에까지 이르렀는데, 이는 휘스레우가 한 번도 누려 본 적이 없는 일이었다. 더욱이 술탄의 적법한 대리자가 다미에타에 포위되어 있는 상황에서 메흐메드 알리는 경쟁자가 없는 권좌에 오른 것이다.

그러나 바로 이 순간, 메흐메드 알리의 자리는 전혀 예상 밖의 인물의 도전을 받게 된다. 그런데 이 예기치 못한 위협에 대응하는 모습을 통해 빠르게 변하는 상황 속에서 그가 자신의 역할을 분명히 파악하고 있었음을 알 수 있다. 두 달 전인 1803년 3월에 이스탄불로부터 아라비아의 메디나 총독으로 임명된 아흐메드Ahmed 파샤가 새 임지로 부임하는 길에 이집트에 들렀다. 타히르가 암살되던 바로 그날, 아흐메드 파샤는 권력의 공백을 메우려고 수 세기의 역사를 자랑하는 모스크이자 대학인 알 아즈하르al-Azhar*에 샤이크**들을 모아 놓고 방금 일어난 사건을

---

* 카이로의 대표적인 모스크이자 마드라사madrasa(이슬람 학문을 가르치는 고등 교육기관)로, 가장 유서 깊은 순니 이슬람 학문의 중심지이다. 10세기 말에 처음 설립되었다고 한다.
** 아랍어에서 샤이크는 여러 가지 맥락에서 존칭으로 쓰는 말로, 경우에 따라 족장, 촌장,

설명했다. 그러고 나서 샤이크들을 메흐메드 알리에게 보내 투항할 것을 권고하게 했다. 이것은 메흐메드 알리가 이집트를 떠나 고향으로 돌아간다는 의미였다. 메흐메드 알리의 대답은 신속했고 의미심장했다. 샤이크들이 하는 말을 듣자마자, 그는 메디나의 총독으로 임명받은 아흐메드 파샤는 이집트에서는 아무런 권한이 없다고 선언했다. 메흐메드 알리는 "제국을 대표하여 타히르 파샤를 이집트의 보호자로 임명한 것은 나였고, 그[즉, 타히르]는 (이집트와) 관련이 있었다. 그러나 아흐메드 파샤는 아무 관련이 없다. 그는 예니체리를 데리고 이 지역을 떠나야 한다. 우리는 그에게 채비를 차려 줄 것이니 그는 [그가 임명된] 지역으로 떠날 것이다."라고 했다(자바르티, 1994, III, 378쪽).

이 말은 최초로 기록된 메흐메드 알리의 발언이라는 것 외에도, 그의 사고방식이 잘 드러난 말이라는 점에서 그 의미가 크다. 아흐메드 파샤의 권위에 대해 이집트의 일에 간섭할 명분이 없다는 주장으로 맞선 후, 메흐메드 알리는 타히르 파샤를 처음 임명한 것은 자기 자신이었다고 하면서 자신의 권위를 주장했다. (이 주장은 엄밀히 말하면 정확하지 않다.) 그러고 나서 그는 아흐메드 파샤에게 내린 명령을 실행했으니, 알바니아 군인 한 무리와 소규모 맘루크 세력이 함께 아흐메드 파샤와 그의 예니체리군을 추격해서 카이로 시의 성문 바로 밖에 있는 한 모스크에 그들을 가둬 버렸다. 이렇게 자신의 권위가 무력에 의한 것임을 암시하면서도, 메흐메드 알리가 샤이크들에게 오스만 술탄의 군주권을 상기시키고

___
상공인 지도자 등이 될 수 있다. 여기서는 지위가 높은 종교인들을 가리키는 것으로 보인다.

비록 자신이 타히르를 임명하는 데 핵심적 역할을 했더라도 이 일은 "제국을 대표하여" 한 것이라고 말한 점이 중요하다. 이렇게 스스로에 대한 자신감과 그 스스로 오직 이스탄불로부터만 나온다고 믿고 있는 적법성 사이에서 왔다 갔다 하는 사고방식은 오래도록 지속된 메흐메드 알리의 특성이었으니, 이는 평생 동안 그의 생각과 행동을 지배하게 된다.

알바니아 군인들의 충성과 조력에 힘입어 메흐메드 알리는 이집트에서 자신의 지위를 강화하는 데 성공했다. 그는 휘스레우를 카이로에서 몰아내는 데 알바니아 군인들을 이용했고, 타히르가 죽자 알바니아 부대의 지휘권을 접수했다. 그러고는 아흐메드 파샤에게 도전하여 그를 이집트 무대에서 퇴장시켰다. 이렇듯 알바니아 인들과의 긴밀한 협조 속에 그의 지위는 나날이 공고해지고 있었다. 그러나 그에게는 오스만 총독에 대항하기 위해 맘루크들과 동맹하는 것 역시 매우 중요했다. 이를 위해 메흐메드 알리는 '우스만 베이 알 바르디시'와 함께 다미에타에 있는 휘스레우를 공격했다. 격렬한 싸움 끝에 포로로 잡힌 휘스레우는 1803년 7월에 카이로로 돌아왔고, 이번에는 어처구니없게도 포로의 신분으로 카이로 성채에 수감되고 말았다.

같은 달에 이스탄불은 휘스레우 파샤 대신 트라불루시 알리Trabulsi Ali 파샤라는 또 다른 총독을 파견했다. 그의 임무는 알바니아 인 군대를 아라비아로 보내 와하비 반군과 싸우게 하는 것이었다(이에 대해서는 나중에 더 논할 것이다). 또 그는 맘루크와 싸워 그들을 이집트에서 완전히 몰아내지는 못하더라도 카이로에서는 쫓아내겠다고 단단히 결심했다. "술탄의 칼은 길다. 술탄은 너희를 제압하기 위해 너희

52

가 전혀 통제하지 못하는 적들에게 도움을 구할 수도 있다."며 그들을 위협했다. 새 총독이 맘루크와의 처절한 대결을 계획하고 있음을 느낀 메흐메드 알리는 뒤로 물러났으니, 이는 분명히 결과를 두고 보는 쪽을 택한 것이다. 트라블루시 알리 파샤는 쓸 수 있는 병력이 충분하지 않아 알렉산드리아에 고립된 것과 마찬가지라고 느꼈고, 따라서 공식적인 권력을 차지하기 위해 카이로로 가는 것을 망설였다. 마침내 카이로로 출발했을 때 그는 자신의 호위병들에게 배신당해 사막에서 살해되었다.

이렇게 이스탄불의 대리인에게 험한 운명이 계속되면서, 메흐메드 알리와 그의 알바니아 인 부대만이 이집트에서 단 하나의 중요한 세력이라는 것이 점점 더 명확해졌다. 오스만과 맘루크 양쪽 다 그를 통하지 않고는 서로에게 보복하는 것조차 불가능해졌다는 것은, 메흐메드 알리가 이 지역을 효과적으로 장악했으며 그만이 유일한 지배자가 될 수 있다는 것을 의미했다. 그러나 이 두 세력—맘루크들과 오스만 인들—중 어느 쪽도 그가 혼자서 지배하도록 권력을 기꺼이 넘겨줄 리 없었으므로 메흐메드 알리는 어느 하나에 의존할 수 없었다. 따라서 성공하기 위해서는 자신이 패권을 행사하는 데 도구가 되어 줄 제3의 세력을 찾아내야 했다. 메흐메드 알리는 이것을 민중과 사회 지도층(즉, 존경받는 알 아즈하르 모스크의 종교학자들과 상인 등)을 아우르는 카이로 사람들에게서 찾았다. 그가 카이로 사람들의 마음을 사로잡아 독자적인 입지를 구축하고 맘루크와 오스만 양측에 자신의 의지를 관철시킨 능력은 아주 절묘한 것이었다.

맘루크들을 카이로에서 추방하다

메흐메드 알리는 맘루크들을 신중하게 다뤄 맘루크의 두 거두 알 알피와 알 바르디시 사이에 쐐기를 박아 넣는 데 성공했다. 바르디시의 군대는 카이로에, 알피의 군인들은 여러 지방에 흩어져 있을 때 메흐메드 알리는 주도권을 잡기로 결정했다. 그는 카이로의 거리로 나가 체불된 봉급을 요구하라고 알바니아 군인들을 선동했다. 성채에 오스만 총독이 없는 상태에서 바르디시는 카이로의 상인들에게 세금을 다시 거두어 이 위기를 벗어날 수밖에 없었다. 그러나 이 조치는 군인들의 요구에 미치지 못하는 것이었고, 이에 바르디시는 한 걸음 더 나아가 각자 소유하고 있는 재산의 가치에 따라 모든 카이로 주민에게 세금을 부과했다. 세금 부과에 대한 소식이 마치 들불처럼 이 동네에서 저 동네로 퍼져 나갔다. 1804년 3월 7일 군중은 깃발을 들고 손을 쪽으로 파랗게 물들인 채* 북을 치면서 "얼마나 우리의 고혈을 짜낼 것이냐, 바르디시?"라고 외치며 거리로 나와 대규모 시위를 벌였다.

반란은 이제껏 본 적이 없을 만큼 엄청난 규모였고, 바르디시는 그에 대한 준비가 되어 있지 않았다. 메흐메드 알리는 사람들이 자기 예하의 알바니아 군인들에게 봉급을 주기 위해 바르디시가 세금을 부과한 것

---

* 손을 인디고로 파랗게 물들이는 것은 아랍 지역에서 슬픔, 재난, 애도 등을 상징하는 의미가 있다고 한다. http://www.ahram.org.eg/News Q/325322.aspx에서 관련 자료를 찾아 주신 김능우 교수께 감사드리는 바이다. 또 Jenny Balfour, *Indigo in the Arab Word* (Curzon, 1997) 156~157쪽도 참조할 만하다.

이라고 생각할까 봐 겁이 났다. 메흐메드 알리는 부하들에게 시위대와 함께 행진하며 다음과 같이 말하도록 해 시위대를 진정시켰다. "우리는 완전히 당신들 편이다. 당신들은 백성이며 우리는 군인이다. 우리는 이 세금을 승인하지 않는다. 우리의 봉급은 국가miri의 재정에서 나와야지 당신들로부터 나와서는 안 된다. 당신들은 가난한 사람들이다."(자바르티, 1994, III, 435쪽) 메흐메드 알리는 또한 부관에게 명령을 내려 사람들에게 그들을 거리로 뛰쳐나오게 만든 이 혐오스러운 세금의 배후는 바르디시이지 메흐메드 알리가 아님을 확실하게 밝히게 했다.

바르디시가 수세에 몰리자 메흐메드 알리는 신속하게 행동을 취했다. 즉각 그의 군대는 그의 '친구' 바르디시의 집부터 시작해서 카이로에 있는 모든 맘루크 베이의 집을 공격했다. 선택의 여지가 없던 바르디시는 카이로에서 완전히 떠났고, 다른 맘루크 베이들도 곧 그 뒤를 따랐다.

휘스레우를 확실하게 돌려보내다

메흐메드 알리는 카이로의 민중과 연합함으로써 맘루크들을 카이로에서 몰아내는 데 성공했다. 이제 유일한 패권자가 되기 위해서는 하나 남은 마지막 장애물, 즉 오스만 정부의 대리인을 넘어서야 했다. 맘루크 군대들이 떠나간 후 언덕을 올라 성채까지 간 메흐메드 알리는, 1803년 7월 이후 8개월간의 긴 구금 상태에 놓여 있던 휘스레우 파샤를 자유롭게 풀어 주었다. 그러고는 휘스레우 파샤와 메흐메드 알리 두 사람의 공동 명의로 군인들에게 약탈을 허용한다는 명령을 내리고 전령을 거리로 내보내 이를 알리게 했다. 전령이 자기 이름을 말하는 것을 듣고 휘스레우는 자신이 이전의 지위를 되찾았다고 생각했다. 그는 도시 중앙의 성채*에서 나와 언덕길을 내려가다가 지금은 폐허가 된 자신의 옛집을 지나면서 인부와 기술자들에게 그 집을 다시 지으라는 명령을 내리기까지 했다. 그때가 처음도 아니었지만, 휘스레우는 곧 자기가 메흐메드 알리의 능력을 과소평가했음을 깨닫게 된다. 왜냐하면 다시 지은 자기 집으로 돌아가 안락하게 지내는 대신 이스탄불로 가는 배에 올라야 했기 때문이다.

3년 전 이집트에 온 이래, 이때가 메흐메드 알리에게는 가장 적절한 기회였다. 맘루크도 오스만 정부의 대리자도 시내에 없는 상황에서, 그는 카이로를 자기 손아귀에 넣는 데 성공했다. 게다가 그는 도시 거주민들의 신뢰를 확실하게 얻었다. 무엇보다도 이집트에서 가장 중요한 전투력인 알바니아 인 군대가 여전히 그에게 충성을 바치고 있었다. 이제 중요한 문제는 이스탄불이 과연 어떻게 움직일까였다.

완전히 쫓아 보낼 속셈에서 휘스레우를 풀어 주기 위해 성채로 올라가기 전에, 메흐메드 알리는 후르시드Hurşid 파샤, 즉 알렉산드리아의 전임 수령을 이집트의 새로운 총독으로 임명한다는 술탄의 칙령을 받았다. 또 메흐메드 알리는 이집트에서의 임무를 마치고 아라비아 짓다

---

* 중동 지역의 전근대 도시들에는 흔히 성곽 안에 있는 도시 중심부에 높이 위치한 견고한 성채가 있으며, 카이로의 경우도 예외가 아니다.

Jidda의 총독으로 임명될 예정이었다. 그러나 수도와 그 안에 있는 성채가 이제 그의 손에 완전히 들어왔고 알렉산드리아에 있는 후르시드 파샤에게는 어떤 병력도 없다는 것을 생각하면, 메흐메드 알리는 후르시드의 도전을 쉽게 물리칠 수 있는 위치에 있었다. 그렇기는 하지만 이스탄불 측에 대놓고 거역하는 것은 반역자라는 오명을 얻을 수도 있는 엄청난 위험이 따르는 일이었다. 또 후르시드에 대한 전술을 결정하는 데에는 자기 힘에 대한 자신감과 끊임없이 이스탄불을 달래야 할 필요성 사이에서 어떻게 균형을 맞추느냐가 중요했다.

이제 모든 것은 후르시드 파샤가 어떻게 행동하느냐에 달려 있었다. 알렉산드리아의 수령을 지낸 경력으로 보면 그는 당연히 이집트의 정치에 어느 정도 익숙할 것이었으며, 이스탄불에서 받은 공식 임명장을 갖고 오니만큼 군사력이 부족하다고 해도 가볍게 볼 상대는 결코 아니었다. 더욱이 이제는 맘루크들이 카이로를 떠났으니 더 이상 그들을 이용하여 새 총독이 도시에 들어오는 것을 막을 수 없었고, 무력으로 새 총독을 방해하면 이스탄불에 반역자로 낙인찍힐 것이 틀림없었으므로 그것 역시 현명한 방책이 아니었다. 메흐메드 알리의 전술은 자신의 높은 인기를 이용하여 후르시드에 대한 사람들의 태도를 조종하는 것이었다. 이 전술은 새 총독이 시리아에 병력 증원을 요청하면서 불가피하게 세금을 늘려야 했기 때문에 써먹기가 더욱 쉬워졌다. 시리아에서 5,000명의 군인들이 도착했을 때 후르시드는 새로운 세금을 부과했고 수공업자와 상인들의 부담이 커진 것은 사실이었다. 이것은 시장의 파업으로 이어졌고 다양한 집단으로 이루어진 동맹을 이끌어 냈는데, 이 일이

후르시드와 메흐메드 알리의 대결에서 결정적인 역할을 하게 된다. 이 동맹은 법과 질서가 무너짐에 따라 사업에 심각한 타격을 입은 상인들, 18세기 말부터 통치자(처음에는 맘루크, 그 후에는 프랑스, 그리고 나서는 오스만 지방관들)와 피지배민 사이에서 중재자 역할을 해온 울라마(종교학자들), 그리고 프랑스 점령기에 여러 집단을 동원할 수 있을 정도로 인기 있는 인물로 부상한 우마르 마크람Umar Makram을 필두로 하는 명사들로 이루어져 있었다.

맘루크 군사들이 상이집트를 휩쓸고 그 외의 군사들은 삼각주 지역을 황폐화시키면서, 카이로 시내와 이집트 전체에 긴장이 고조되고 있었다. 마지막 대결은 1805년 5월 초에 시리아에서 온 군사들이 카이로 구시가지의 개인 주택가를 습격하고 주민들을 내쫓았을 때 일어났다. 이는 그동안 쌓여 왔던 민중의 분노가 임계 질량에 도달하는 계기가 되었으니, 이 소식이 퍼지자 카이로 시 전체가 들고 일어났다. 점포들은 문을 닫고 주민들은 무장을 했으며 알 아즈하르의 울라마는 수업을 연기하고 권위 있는 모스크의 문을 닫았다.

1805년 5월 12일, 울라마는 드디어 행동을 취하기로 결정했다. 그들은 카이로 법정에 모여 후르시드에게 건넬 요구 사항을 작성했다. 거기에는 명사들과 울라마의 사전 승인 없이는 어떠한 세금도 부과하지 말라는 것과, 무장한 군인은 누구든지 도시에 들어오지 말라는 것이 들어 있었다. 이 요구 사항들을 통해 울라마와 카이로 주민 전체가 군인들이 수년간 자행해 온 약탈에 지쳤음을 알 수 있다. 그들은 또한 당국이 군인들을 돌보기 위해 세금을 자주 부과하는 것에도 좌절감을 표했다. 울라마가 요구 사항을 전달하자마자 후르시드는 그들을 내쫓았다. 그다음 날인 5월 13일 울라마는 다시 모였고, 법정 바깥에 모인 수천 군중과 함께 후르시드를 내쫓고 대신 메흐메드 알리를 총독에 임명할 것을 결의했다. 그들은 메흐메드 알리의 거처로 즉각 달려가 자기들이 결정을 내렸음을 알렸다. 침착하고 조용한 태도로 메흐메드 알리는 대표단에게 무슨 결정을 했는지 물었다. 그들은 "후르시드를 내쫓는 것입니다." 하고 대답했다. "그 사람 대신 누구를 선택했습니까?" 하고 메흐메드 알리는 그들이 무슨 답을 할지 모른다는 듯이 물었다. "우리는 당신만을 받아들이겠습니다. 당신은 우리가 내세운 조건에 따라 우리의 총독이 될 것입니다. 왜냐하면 당신은 정의롭고 선량한 사람이니까요." 울라마에게 자기 이외에는 이 위기를 진정시킬 대안이 없다는 것을 알고 있었으므로, 메흐메드 알리는 처음에는 짐짓 이 제안을 거절했다. 그러나 손님들은 생각을 바꾸도록 그를 설득하는 데 그다지 큰 노력을 기울일 필요가 없었다.

메흐메드 알리가 '어쩔 수 없다'는 듯이 총독이 되는 것에 동의한 후에, 대표단은 성채에 있는 후르시드에게 올라가 자신들의 결정을 알렸다. 예측한 대로 후르시드는 물러나지 않겠다며 다음과 같이 대답했다. "나는 술탄에 의해 임명되었다. 농민들의 명령으로 물러나지는 않을 것이다. 나는 오직 제국 정부의 명령에 의해서만 성채를 떠날 것이다."(자바르티, 1994, III, 506쪽) 후르시드가 성채에서 버티는 동안 알바니아 군인들과 울라마, 특히 우마르 마크람을 필두로 하는 카이로 사람들이 후르시드의 병력과 시가전을 벌이는 등 끔찍한 대치 상황이 상당 기간 이어졌다. 바리케이드가 쳐지고, 성채에서는 아래쪽 시가지를 향해 대포를 발사했으며, 격렬한 전투가 이 거리 저 거리에서 벌어졌다.

대치 상황은 7월 9일 전령이 이스탄불에서 새로운 피르만*을 가져올 때까지 8주 동안 계속되었다. 민간 거주 구역의 지도자들, 알바니아 인 고급 장교들, 터번을 쓴 샤이크들, 여러 구역의 주민들, 그리고 큰 상인들 등이 모두 전령의 뒤를 따라 북과 피리 등 악기를 연주하며 함께 행진했다. 군중은 마지막으로 메흐메드 알리의 거소에 이르렀고, 메흐메드 알리는 그들을 영접했다. 샤이크와 명사들이 도착하자, 피르만이 공표되었다.

> 짓다의 전임 총독이자, 라비울 아왈 20일(1805년 6월 18일) 이래 울라마와
> 백성에게 승인받았고 그들에 의해 아흐메드 파샤(후르시드)가 해임된 이래
> 현재까지 이집트의 총독인 메흐메드 알리 파샤에게: 후르시드 파샤는 명
> 예롭게 알렉산드리아로 가서 차후에 다른 주에 가도록 명령을 받을 때까
> 지 기다리도록 하라. (자바르티, 1994, III, 515쪽)

후르시드는 칙령을 듣자마자 대치 상황을 끝내는 데 동의하고 꼬리를 내린 채 성채에서 내려왔다. 그는 알렉산드리아까지 호송되어 1805년 8월 5일 이집트에서 떠났고, 다시는 돌아오지 않았다. 메흐메드 알리는 이제 이집트에서 유일하게 적법한 총독이 된 것이다.

---

* 오스만 술탄의 칙령.

3
권력 다지기

1805년 메흐메드 알리는 서른다섯의 나이로 오스만 제국에서 손꼽히는 부유한 주의 합법적인 총독이 되었다. 4년 전 이집트에 아무 연고도 없이 온 그는, 투르크어 방언 하나와 아랍어를 아주 조금 할 줄 알았을 뿐 이집트 사람 대다수가 사용하는 아랍어는 거의 말할 줄도 쓸 줄도 모르는 셈이었다. 게다가 그에게는 제국의 수도에 출세를 도와줄 후원자도 조금이라도 친분이 있는 사람도 전혀 없었다. 더욱이 3년간의 프랑스 점령하에서 진이 다 빠져 버린, 그리고 여러 집단(프랑스, 영국, 맘루크, 베두인 족, 예니체리, 알바니아 인 등) 사이의 끊임없는 다툼으로 황폐화되어 버린 땅에 온 것이었다. 그럼에도 불구하고 겨우 4년 만에 메흐메드 알리는 남들이 부러워하는 지위를 차지하게 되었다. 이렇게 짧은 시간 동안에 그는 프랑스와 영국 군대의 철수를 지켜보았다. 그리고 친구이자 동맹자였던 타히르 파샤가 암살되는 혼란 속에서도 살아남았다. 또 이 중요한 지역에서 줄줄이 세 명의 오스만 총독들이 이스탄불의 명령을 실행도 못 해보고 왔다가 그냥 돌아가는 것을 보았다. 이렇게 여러 가지 일이 계속 일어나면서 이방인인 메흐메드 알리는 점점 더 힘 있는 자리로 올라갔다. 메흐메드 알리는 알바니아 인 부대의 헌신, 카이로의 울라마와 상인들의 신뢰, 도시 내 민중들의 충성을 얻었고, 가장 중요하게는 비록 마지못한 것이었지만 이스탄불로부터 이집트에서 제국을 대리하는 적법한 대표자로 승인을 받은 것이다.

메흐메드 알리의 이집트에서의 초기 시절에서 가장 인상적인 점은 그의 성격이 극적으로 변했다는 것이다. 프랑스 인들이 떠난 후 계속된 내부 갈등을 겪으면서 메흐메드 알리는 더 이상 우리가 카발라 시절 보았던, 법이 할 일을 자기 손으로 해버리는 그 무모한 열혈 청년이 아니었다. 그 대신 서로 싸우는 집단들 속에서 사심 없는 외부인, 즉 분란을 수습하고 모든 일을 바로잡을 그런 사람인 듯이 굴었다. 바로 이러한 중재자의 모습을 보고 카이로의 민중, 울라마, 상인, 명사들이 모두 자신들의 깊은 갈등을 풀고 오래된 정치적 교착 상태를 해결하는 데 그에게 의지하게 된 것이다. 그는 마치 다시 태어난 것 같았다. 동네 깡패로서의 이미지를 벗어 버리고, 동맹자들에게서는 신뢰를 얻고 적으로부터는 존경을 받고 추종자들로부터는 지지를 받는 진정한 정치가의 역할을 맡겠다고 결정한 것이다.

1805년 7월 9일 술탄에게서 임명장을 받고 나서 메흐메드 알리의 입지는 갑자기 강해졌다. 비록 카이로의 주민들이 후르시드를 대신하도록 그를 선택했다고 하더라도, 다시 말해 대중적 지지를 아무리 많이 받았다고 하더라도, 술탄의 피르만에 담겨 있는 적법성에 비할 바가 아니었다. 예언자 무함마드의 후손임을 주장할 수 있는 샤리프*도, 이집트를 칼로 얻었다고 할 수 있는 용사ghazi도 아니고, 미천한 출신으로 별다른 재정적 자원도 없는 데다가, 이집트에 아무 연고도 없는 뜨내기, 거기에 문맹이었음을 생각하면, 메흐메드 알리가 이집트의 총독으로서 적법성을 인정받을 수 있었던 유일한 원천은 선망의 대상인 이 직책을 그에게 수여한다는 이스탄불에서 온 피르만뿐이었다. 그러나 앞에서 본 것처럼, 술탄은 이 피르만을 다른 총독을 임명하려는 시도가 모두 좌절된 후에야 마지못해서 수여한 것이었다. 이전의 다른 총독들이 이스탄불의 지배층 출신으로 유력한 정치 가문들 사이에 이름이 알려져 있으며 이집트의 총독이라는 직책이 제국 관료계 내부의 승진 과정의 한 단계에 불과했던 것과는 달리, 메흐메드 알리는 수도의 집권 파벌들에게는 전혀 알려지지 않은 인물이었다. 더욱이 이집트는 외부인에게 맡겨 두기에는 너무도 중요한 지역인지라, 이스탄불이 선망의 대상인 총독직에서 그를 제거해 버리는 것은 단지 시간문제일 뿐이었다. 메흐메드 알리로서는 이스탄불의 중앙 정부가 자신을 어떻게 볼지도 몰랐고, 또 단 1년의 임기만을 보장하여 매년 기한을 연장해야 하는 임명장이었기 때문에, 자신이 이집트 총독직을 얼마나 오래 할 수 있을 것인지

---

* 예언자 무함마드의 후손들은 샤리프sharif 혹은 사이드sayyid라는 칭호를 썼으며, 그들의 족보는 도시마다 각각 관리되고 있었다. 이들에게는 약간의 사회적 특권과 명예가 주어졌으므로 외부인으로서 이 족보에 끼어들고자 하는 사람들이 17세기 이후 크게 증가했다.

에 대하여 깊은 불안감과 함께 의구심을 갖지 않을 수 없었다.

술탄이 메흐메드 알리를 주목하여 그를 이집트의 총독으로 임명하게 만든 이집트 내의 세 개 집단에도 중요한 문제가 있었다. 세 개 집단, 즉, 알바니아 인, 울라마/상인 연맹, 그리고 카이로의 민중은 각각 나름대로의 불안 요소를 갖고 있었고 언제라도 그에게 등을 돌릴 수 있었다. 우선 알바니아 인들은 여전히 그에게 충성스러웠고 메흐메드 알리가 살아남아야 자신들이 이집트에서 출세할 수 있다고 생각했다. 그러나 겪어 본 결과, 그들은 과도하게 저항적이고 만약 봉급을 제때 받지 못한다면 이전의 총독들에게 했던 것처럼 공공연한 반란으로 맞설 수 있는 집단이었다. 두 번째로, 울라마/상인 연맹은 이스탄불에 압력을 넣어 그가 이집트 총독이 되는 데 큰 힘이 되었으나, 너무 독자적으로 행동했고 세금을 인상하지 못하게 하는 등 사실상 그를 심하게 압박했다. 세 번째로, 1805년 여름 가두에 나서서 메흐메드 알리에게 유리하게 권력의 균형을 바꿔 놓았던 카이로의 민중에 대해서는 그들의 독자적인 행동이 완전한 무정부 상태로까지 이어지지 않도록 통제해야만 했다.

지역 내 정적들을 제거하다

임명장을 손에 쥔 메흐메드 알리는 본격적으로 지역 내 경쟁자들을 제거하는 데 나섰다. 그는 천부적인 영리함으로 경쟁자들이 동맹을 결성하려는 시도를 좌절시킬 수 있었고 각각의 집단들 사이에 쐐기를 박아 넣는 데 항상 성공했다. 그리하여 울라마는 맘루크들과 한 번도 합의에 이르지 못했고, 대상인들은 파샤[메흐메드 알리]의 정책에 대항하도록 카이로의 민중을 선동할 수 없었다. 그리고 알바니아 인들은 늘 모두에게 조롱과 미움을 받았다. 그러나 이러한 분할 통치divide and rule 방식만으로 주도권을 확립할 수는 없었다. 메흐메드 알리는 적극적으로 각집단을 하나씩 약화시켜 갔다. 이집트에 온 이래 그의 세력 기반이었던 사나운 알바니아 인 부대를 모아서 상이집트의 맘루크와 싸우게 했다. 이로 인해 맘루크들은 상당히 약화되었고, 동시에 알바니아 인 부대의 에너지 역시 고갈되어 그들 중 많은 수가 이 끝이 없어 보이는 싸움을 그만두고 집으로 돌아가고 싶다는 생각을 하기에 이르렀다. 메흐메드 알리는 또한 와하비와의 계속되는 전쟁을 빌미 삼아 이 알바니아 인들을 아라비아에 파견해서 많은 군인이 그곳에서 죽게끔 했다. (이에 대해서는 더 이야기하게 될 것이다.)

1806년 메흐메드 알리는 울라마 지도자 가운데 한 명인 샤이크 샤르까위Shaykh Sharqawi를 가택에 연금하는 것을 시작으로 울라마의 힘을 꺾기 위한 행동에 들어갔다. 울라마가 전통적으로 민중의 권리를 보호하고 지배자와 피지배자 사이를 중재하는 등 중요한 역할을 해 왔기 때문에 울라마와 정면으로 충돌할 수는 없었다. 그래서 그는 조심스러운 행보로 울라마의 경제력을 축소시켰다. 그는 순차적으로 조금씩 조금씩 많은 샤이크가 (징세 청부업자의 자격으로) 누려 왔던 세금 면제권을 없앴다. 또 세금을 체납한 마을을 해당 마을에서 징세 청부업을 하던 울라마로부터 환수했다. 그리고 끝으로 종교적 목적, 대부분은 모스크나 마드라사를 유지하기 위해 부여된 면세 토지rizqa도 과녁으로 삼았다. 2년 넘게 계속된 종교인들의 특권에 대한 공세는 결국 1809년 우마르 마크람을 우두머리로 한 반란을 촉발시켰다. 우마르 마크람은 4년 전 메흐메드 알리를 권좌에 앉게 만든 반란에서 핵심 역할을 했던 바로 그 샤이크이다. 반복되는 모임, 청원, 간청 후에 반란은 실패했고 이 인기 있는 샤이크는 다미에타로 유배되었다. 그는 사람들 기억에서 거의 사라진 다음에야 카이로에 돌아올 수 있었다. 지도자를 잃었을 뿐 아니라 파샤에 대한 입장마저 분분하게 갈라진 울라마는 반대 세력을 형성할 힘을 잃어버렸다.

지역 내 경쟁자들에 맞서 자신의 세력을 굳건히 하기 위한 메흐메드 알리의 활동은, 그를 이집트로부터 완전히 축출하려는 두 번의 '외부로부터'의 도전으로 잠시 방해를 받게 된다. 첫 번째는 1806년 6월, 그가 이집트의 총독이 되고 겨우 1년 뒤에 일어난 일이었으니, 대제독이 테살로니키의 전임 수령으로 메흐메드 알리와 자리를 바꾸라는 명령을 받은 무사Musa 파샤를 동반하고 알렉산드리아에 도착했다는 소식이—이스탄불의 전형적인 정책이 늘 그랬듯이— 전해졌다. 메흐메드 알리는 이 소식을 듣고 고참 알바니아 인 장교들을 불러서 그들에게 새로운 피르만에 대해 알려 주며 자신이 이집트를 떠난다는 것은 그들도 떠나야 한다는 의미라고 믿게 만들었다. 메흐메드 알리는 별다른 노력 없이 자신의 결정, 즉 이스탄불의 새로운 명령을 거역하겠다는 결정에 그들을 동참시킬 수 있었다. 자바르티가 적절하게 표현하고 있는 것과 같은 이유 덕분이었다.

…… 그들 가운데는 [이집트에서] 집들과 아내들과 세금 청부를 위탁받은 토지와 상상도 못한 권력을 얻지 않은 자가 없었기 때문이다. 그런 사람은 그 모든 것을 빼앗아 가는 것을 그냥 보고만 있지는 않을 것이다. 설령 죽음을 무릅써야 한다고 해도. (자바르티, 1994, IV, 14~15쪽)

그리고 나서 메흐메드 알리는 울라마에게 가 그들 앞에 놓인 선택지를 보여 줬다. 그를 지지할 것인가 아니면 이스탄불의 새 피르만을 지지할 것인가. 그러면서 만약 그들이 두 번째를 선택한다면 사실상 맘루크의 통치하로 돌아가는 것이라고 상기시켰다. 이에 대해 숙고한 끝에 울라마는 메흐메드 알리에게 지지를 표하고는 대제독에게 왜 자기들이 이스탄불의 명에 따르지 못하는지에 대해 자세한 편지를 썼다. 대제독은 자기의 병력으로는 메흐메드 알리를 이집트에서 축출하기 힘들 뿐 아니라 종교 지도자와 민간 지도자들이 메흐메드 알리와 한배를 타고 있다는 것을 깨달았다. 그는 조용히 그곳을 떠나 무사 파샤를 이전 근무지인 테살로니키에 데려다 주었다.

그다음 해에는 좀 더 심각한 '외부'의 도전이 메흐메드 알리에게 닥쳐왔다. 그가 남부의 맘루크들과 싸우고 있던 1807년 3월 27일, 5,000명의 영국군이 알렉산드리아에 상륙해 도시를 점령하고 동쪽의 로제타 Rosetta로 진군하고 있다는 소식이 전해졌다. 메흐메드 알리는 오랫동안 영국과 맘루크들 사이에 비밀 협상이 진행되고 있음을 알고 있었다. 그런데 그렇게 많은 병력이 상륙했다는 것은 영국인들이 이집트를 동맹자인 맘루크들에게 넘겨주려고 마음먹었기 때문일 것이라고 생각하며 두려움에 잠겼다. 더욱이 이는 그를 축출하려는 오스만 정부의 시도를 겨우 물리친 상황에서 전해진 절망적인 소식이었다. 낙심한 메흐메드 알리는 시리아로 도망쳐 버릴까도 생각해 보았고, 침략을 막아 내지 못했다는 이스탄불의 문책에 무어라 핑계를 댈 것인지도 생각해 보았다. 그러나 방향을 바꾸어 최후의 수단으로 샤이크 몇 명을 맘루크들에게 보내 자신과 함께 '(이슬람) 신앙의 적들'에 대항해서 진군하자며 휴전을 제의했다. 수 시간 동안의 협상 끝에 맘루크 지도자들은 파샤에 대한 뿌리 깊은 의심을 극복하고 그와 함께 북으로 진군하기로 결정했다.

그러나 메흐메드 알리가 카이로에 닿기도 전에 영국군이 로제타에서 진군을 멈추었다는 소식이 전해졌다. 사연은 다음과 같다. 메흐메드 알리와 가까웠던 로제타의 성주 알리 베이 알 실라니키Ali Bey al-Silanikli(즉, 테살로니키 사람)는 영국군을 유인하여 함정에 빠뜨리기 위해 성문을 열어 놓았다. 영국군은 이 도시가 항복한 것이라 생각하고 의기양양하게 성문 안으로 들어갔다. 그런데 이때 주민들이 지붕 위에서 영국군을 향해 발포했고 이에 영국군 수십 명이 죽었다. 그들의 베인 머리는 카이로로 보내져 창끝에 꽂혀 시가행진에 쓰였다. 그리고 살아남은 영국군은 부상당하거나 포로로 잡혀 노예 시장에서 팔렸다는 것이다.

처음 영국군이 상륙한다는 소식을 들었을 때 시리아로 도망갈 궁리만 하고 영국군에 맞서 어떤 군사적 행동도 하지 않았음에도 불구하고 메흐메드 알리는 승리를 자기 것으로 취할 수 있었다. 이에 대해 자바르티는 약간 빈정거리며, "[영국군에 맞서 격렬하게 싸웠던 것에 대해] 민중이 감사를 받았더라면 혹은 그들의 행동이 인정을 받았더라면. 그러나 모든 공은 파샤와 그의 군인들에게 돌아갔다."(자바르티, 1994, IV, 79쪽)라고 서술했다. 카이로 성채에는 많은 영국군 포로가 잡혀 있었고, 메흐메드 알리는 이를 이용해 영국인들과 철수 협상을 벌였다. 그리고 영국군은 1807년 9월 알렉산드리아에서 최종적으로 철수한다.

중요한 것은, 카이로에서 창끝에 꽂힌 채 전시된 영국군의 머리를 본 메흐메드 알리가 귀만 잘라 소금에 절이고 머리는 묻어 주도록 명했다는 것이다. 그는 이 잘린 귀들을 승리의 증거이자 술탄의 충성스런 신하로서 자신이 성취하는 모든 승리는 술탄의 이름으로 이루어진다는 것을 증명하는 의미로 이스탄불에 보냈다. 술탄은 그 응답으로 1807년 11월 메흐메드 알리에게 개인적으로 감사를 표하는 피르만을 보내 알렉산드리아를 보호하고 이집트가 '이교도 영국인'의 손에 넘어가지 않게 막은 노력을 치하했다.

메흐메드 알리는 이를 기회로 삼아 자기 부하인 보고스 유수피안 Boghos Yousufian을 알렉산드리아의 수령으로 임명했고, 그 과정에서 이 항구의 수장은 이스탄불에서 임명한다는 오스만 시대의 전례를 뒤집었다. 그리하여 그의 지배권은 이제 카이로 주변에 제한되지 않고 알렉산드리아라는 중요한 항구에까지 미치게 되었다. 아르메니아 인으로 후에 파샤의 외교 고문이 되는 보고스 유수피안은, 당시 나폴레옹 전쟁으로 인해 유럽에 일어난 혼란의 결과로 찾아온 상업적인 기회와 말타와 스페인에 있는 영국 병력이 곡식을 필요로 한다는 사실을 활용하라고 조언했다. 파샤는 영국인들에게 (나일 강의) 삼각주 지역에서 모은 식량을 신속히 공급하자는 새 알렉산드리아 수령의 조언을 받아들였다. 자신의 통제 영역이 확대되는 것에 자신감을 얻은 메흐메드 알리는 곡물의 수출을 독점했고 그럼으로써 상당한 이윤을 얻게 되었다. 후에 그의 경제 정책의 전형이라고 일컬어지게 되는 정책이 이때 처음으로 형성되었다. 그것은 농산물의 생산을 통제하고 대내외 무역을 독점하는 것이었다.

이렇게 쌓아 올린 엄청난 상업적 이윤은 울라마에 대한 통제를 강화하고 주요 상인들과 대결하는 데 크게 도움이 되었다. 그들 중 빨리 대세를 읽은 사람들은 곧 파샤의 진영에 합류해 그를 위해 봉사하는 피고용인이 되었다. 그 가운데 가장 주목할 사람은 무함마드 알 마흐루키 Muhammad al-Mahruqi였으니, 그는 아버지에게서 많은 재산을 물려받은 자로 파샤의 군대에 대한 보급을 담당했다.

맘루크 대학살

이러한 정책들과 함께 메흐메드 알리의 경제적 역량은 상당히 증대되었고 경쟁자들을 제거함으로써 정치적 입지도 강화되었다. 그러나 지배권을 확립하는 데 가장 중요한 장애물이 남아 있었으니, 그것은 바로 맘루크의 도전이었다. 1807년 1월, 파샤는 가장 나이가 많은 지도자 알 알피al-Alfi 베이를 중심으로 뭉친 이 대단한 적들과 대결하기로 결심했다. 1월 27일 메흐메드 알리는 모든 군대에 지체 없이 집결하여 카이로 근처 나일 강을 건너 기자Giza 북쪽에서 있을 교전을 준비하라고 명했다. 마침내 양쪽 군대가 대치 상태에 놓였을 때, 맘루크들은 군사들과 함께 말을 타고 있는 메흐메드 알리를 보고는 그 광경에 압도되어 싸우려고 하지 않았다! 알 알피가 공격하라고 부하들을 달랬으나 그들은 꿈쩍도 안 했다. 멀리서 알 알피가 그의 적수를 바라보고는 "이 사람이 이 시대의 타흐마즈tahmaz(賢人)로구나! 그게 아니면 무엇이겠는가?" 하고 탄식했다고 한다(자바르티, 1994, IV, 55쪽). 그는 총 한 발도 쏘지 않고 패배를 인정하고는 말에서 내려 정처 없이 걸어 나일 강 건너 카이로 맞은 편의 어느 언덕으로 올라갔다고 한다. 그러고 나서 마지막 유언이 되고 만 감상적인 독백을 쏟아 내었다.

오 카이로여, 그대 주변에 흩어진 자식들을 보라. 그들은 서로 멀리 떨어지고 흩어져 있는데, 한편 그대 안에는 상스러운 투르크 인, 유대 인, 사악한 알바니아 인들이 자리 잡았다. 그들은 그대의 소득을 가져가고, 그대의 자식들에게 전쟁을 걸고, 그대의 용사들에 맞서 싸우고, 그대의 기병들과 경쟁한다. 그들은 그대의 집을 허물고, 그대의 궁에 살며, 그대의 아들과 딸들을 범하고, 그대의 아름다움과 빛을 덮어 버린다. (자바르티, 1994, IV, 55쪽)

그리고 알 알피는 발작을 일으켰고, 죽음이 임박했음을 느끼고는 부하들을 모아 놓고 말했다. "이제 다 끝났다. 카이로는 메흐메드 알리의 것이다. 그에게 도전할 자는 아무도 없다. 그가 이집트의 맘루크들을 제 손에 넣었으니, 오늘 이후에 맘루크들은 다시는 깃발을 세우지 못할 것이다." 그는 바로 그날 밤 죽었다.

메흐메드 알리는 경쟁자의 사망 소식을 듣고는 자기 귀를 의심했다. 그 소식이 사실인 것으로 확인되자 "이제 이집트는 나에게 즐거운 곳이 되었다. 나는 더 이상 그 누구도 걱정하지 않아도 된다."고 했다(자바르티, 1994, IV, 55~56쪽).

그러나 맘루크들이 비록 가장 유능한 지도자를 잃었다고 해도 완전히 힘을 잃은 것은 아니었다. 그들은 여전히 시골 지역을 유린하면서 파샤의 접근을 막은 채 이집트의 세수 가운데 상당 부분을 갉아먹었다. 메흐메드 알리는 이 귀찮은 자들을 한 번에 완전히 없애 버리고 싶어 했으니, 특히 이스탄불에서 아라비아의 와하비들을 토벌할 준비를 하라는 명령이 계속 내려오고 있는 상황에서 더욱 그러했다.

1802년 동아라비아의 나즈드Najd에서 부족장 이븐 사우드Ibn Sa'ud가 오스만 당국에 들고 일어나 히자즈Hijaz* 지역으로까지 지배권을 신속하게 확대하고 있다는 소식이 들려왔다. 그는 무함마드 이븐 압둘 와합Muhammad ibn 'Abd al-Wahhab이 일으킨 경건주의적 와하비 종파와 동맹을 맺었다. 사우디 인들과 와하비파가 1803년에 메카를 정복하고 그다음 해에 메디나를 지배하게 되자—이는 연례적인 순례를 방해하는 행위였다— 이스탄불은 이를 오스만 주권에 대한 심각한 공격이자 '두 성지의 보호자'**를 자임하는 오스만 술탄의 권위에 대한 중대한 도

---

* 메카와 메디나가 있는 아라비아 반도 서부 지역.
** 두 성지는 메카와 메디나이고, 이 지역을 지배하는 무슬림 군주는 그것을 정치적 정통성의 중요한 근거로 삼았다.

전으로 받아들였다. 그리하여 메흐메드 알리를 포함한 여러 총독에게 아라비아에서 와하비와 싸워 성스러운 도시들을 다시 오스만 권역으로 되돌리라는 파병 명령이 내려지게 되었다.

이러한 명령에 응하는 것에는 많은 위험이 따랐다. 원정군이 적지에서 군사 작전을 수행하는 것 자체도 명백히 위험한 일이었지만, 그 외에도 원정 준비를 하는 데 상당한 지출이 발생하는 것은 당연지사였다. 더욱이 메흐메드 알리가 이집트를 떠난다는 것은, 이스탄불에는 좀 더 믿을 만한 사람을 이 중요한 지역에 심어 놓을 수 있는 금쪽같은 기회를 의미했다. 맘루크들에게도 역시 메흐메드 알리와의 군사적 대치로 잃어버린 구역을 조금이라도 다시 찾을 수 있는 기회였다. 다른 한편으로, 매우 중요한 이 과업을 수행하지 않는다면 메흐메드 알리는 의지할 수도 신뢰할 수도 없는 자로 낙인찍힐 것이 뻔했다. 그가 오스만 제국의 수도에서는 전혀 알려지지 않은 인물이라 그 위험은 더 컸다.

다시 말해서, 메흐메드 알리에게 아라비아에서 와하비와 싸우라는 이스탄불의 명령은 선택의 여지가 거의 없는 일이었다. 그런데 그가 이 명령을 처리해 나간 행태를 보면 그의 영리한 정치적 마인드를 알 수 있다. 그는 차일피일 일을 미루었고, 새로운 명령을 받으면 언제나 뭔가 정당해 보이는 이유나 핑계를 대서 답신을 보내곤 했다. 한번은 나일 강 하류의 상황을 핑계로 재정 상태가 나빠서 원정을 준비할 만한 능력이 안 된다고 했다. 또 한번은 러시아-오스만 전쟁이 벌어지고 있는 상황에서 자기가 만약 이집트를 떠나면 유럽 세력 중 하나가 이집트를 점령할지도 모르고, 그러면 안 그래도 위태로운 유럽의 세력 균형이 깨져 버릴 것이라고 했다. 몇 년이 지난 후 드디어 원정에 나설 것을 결정했을 때, 메흐메드 알리는 아주 교묘한 방식으로 이스탄불의 명에 따랐다. 우선 그는 원정대를 자기가 직접 이끌지는 않을 것이라면서, 당시 열일곱 살밖에 안 된 자신의 차남 토순을 원정 지휘관으로 임명해 달라고 이스탄불에 공식적인 피르만을 요청했다. 자기가 요청한 대로 이스탄불에서 피르만이 오자, 메흐메드 알리는 이 일을 공표하는 공식 행사를 기회로 맘루크들을 단 한 번의 결정적 타격으로 완전히 제거하기로 결심했다.

파샤는 피르만을 공표하는 데 가장 좋은 날을 택하고자 자신의 점성가들과 의논했다. 점성가들은 이슬람력 1226년 사파르 6일(즉 1811년 3월 2일) 금요일 제4시*를 가장 좋은 시간으로 정했다. 전령들이 시장으로 나가 투르크어로 "야른 알라이Yarın Alay", 즉 "내일은 축하 행진이 있다"는 소식을 전했다. 당시 맘루크들은 메흐메드 알리와 일시적인 휴전 상태에 있었는데, 알리는 그들이 카이로에 머무는 것을 허락했다. 축하 행진 전야에 메흐메드 알리는 맘루크 지도자들 모두에게 초청장을 보내, 부하들과 함께 성채로 와서 히자즈 원정의 지휘권이 아들 토순에게 공식적으로 수여되는 것과 의례를 위해 예복을 입히는 것을 직접 봐 달라고 했다. 그는 아들이 아버지로부터 예장禮裝 일습을 다 갖춰 받은 후 맘루크 지도자들과 함께 카이로 시가를 행진한다면 대단한 영광일 것

---

* J. L. Berggren, *Episodes in the Mathematics of Medieval Islam* (Berlin: Springer, 2003), pp. 170~171 참조. 이슬람 전통에서는 밤과 낮을 각각 12시간으로 나누고 (밤과 낮의 1시간의 길이는 계절에 따라 달라진다) 하루를 일몰에서 시작하는 시간 계산법이 있었다.

이라고 하면서, 각자 예복을 갖춰 입고 점성가들이 정한 경사스러운 시간에 성채로 오라고 전했다.

맘루크들은 이 '경사스러운 시간'이 자신들에게는 죽음의 시간이 될 줄은 모르고 신경 써서 치장을 하고 예법을 갖춘 채 파샤의 접견실(디완 divan)을 방문했다. 메흐메드 알리와 한 시간쯤 커피를 마신 후, 맘루크 지도자들은 시가지로 이어지는 좁은 골목을 통해 정해진 방식에 따라 행진하여 내려갔다. 군사들이 모두 어느 문을 지나서 나가고 나자 문을 닫으라는 명령이 내려왔고 맘루크 베이들과 그 부하들은 좁은 통로 안에 갇히게 되었다. 이때 파샤의 군인들에게 발포하여 맘루크들을 몰살시키라는 지시가 내려왔다. 사격은 한 시간가량 진행되었고 450여 명의 맘루크 베이들이 죽었다. 그들의 머리는 시체에서 베어져 하렘으로 쉬러 들어간 메흐메드 알리에게 보내졌다. 성채 아래 쪽에서는 파샤의 군인들이 맘루크 가문들의 근거지에 쳐들어가 재산을 약탈하고 여인들을 강간하고 숨어 있는 나머지 맘루크들을 모조리 죽이면서 유혈 사태가 계속되었다.

이 끔찍한 음모는 실수 없이 수행되었는데, 여기에는 메흐메드 알리의 신임을 받는 충성스런 2인자 메흐메드 라즈올루Mehmed Lazoğlu가 개입되어 있었다. 이 계획이 성공할 수 있었던 비결은 극도로 비밀에 부쳐졌기 때문이었다. 너무나도 비밀스러워 파샤 외에는 오직 세 명만이 이 일을 미리 알고 있었다는 소문이 돌기도 했다. 파샤의 아들인 토순과 이브라힘도 전혀 알지 못했다고 한다. 그리고 일찍이 1801년 10월에 맘루크를 제거하려 했던 오스만 대재상과 대제독보다 훨씬 더 재빠르게 일을 진행했고, 이번에는 자바르티가 '이집트의 왕공들'이라 부른 맘루크들을 도와줄 영국 해군도 없었다. 이 학살이 이집트에서 맘루크 세력의 최후가 된 데에는, 메흐메드 알리의 큰아들 이브라힘 베이가 그 '경사스러운' 날 카이로에 없었던 운 좋은 맘루크들을 인정사정없이 색출한 때문이기도 하다. 성채에서의 학살 이후 몇 달 동안 이브라힘은 상이집트의 마을이라는 마을은 모두 수색하여 천 명쯤이나 되는 맘루크를 찾아내 살해했다.

맘루크 대학살을 실행함으로써 메흐메드 알리는 그의 새로운 조국에서 독보적인 통치자의 지위에 올랐다. 이집트에 상륙한 지 10년 만에, 그리고 총독으로 임명된 지 6년 만에 그는 이제 스스로 자기 나라라고 생각하는 곳에서 유일한 패권자가 되었다. 이 10년 동안 그는 자신이 권력을 잡는 데 큰 역할을 한 귀찮은 민간 지도자들을 제거하는 데 성공했고, 토지에 세금을 부과하고 재정적 특권을 삭감함으로써 종교 지도자들의 힘을 억제했고, 무엇보다도 단 한 번의 결정타로 이집트의 나머지 경쟁자 모두를 제거했다. 끝으로, 농업의 개발을 통제하고 유럽과의 수익성 좋은 무역을 강력하게 장악함으로써 점진적으로 자신의 개인 재산을 불리는 데도 성공했다.

메흐메드 알리는 이러한 의미 있는 성취에도 불구하고 자신의 지위에 대해 여전히 깊은 불안을 느꼈다. 우리가 앞으로 보게 될 것처럼, 이러한 불안감에 성공적으로 대처해 나감으로써 날이 갈수록 이집트에서 그의 역할은 확고해졌고, 그가 선택한 대내외적인 정책들이 진행되는 과정에서 이집트 사회의 성격 자체가 변화하게 되었다.

4
확고한 입지 굳히기

맘루크들을 제거하고 나서 바로 메흐메드 알리는 이스탄불에 긴 서신을 보내, 자기가 한 일이 마치 이집트에 대한 통제를 강화하고 싶어 하는 술탄의 오랜 소망을 실현한 것인 양 설명했다. 그는 수도 이스탄불 사람들이 자신의 충성심을 의심하고 있고 자신이 점점 더 독자적인 행보를 취할 거라고 짐작하고 있음을 분명히 의식하고 있었다. 지금까지 그는 자신만의 독자적인 정책을 추구하는 것과 술탄의 종주권을 인정하는 것 사이에서 줄타기하듯 절묘하게 균형을 유지하고 있었다. 그러나 그가 얼마나 더 이 미묘한 균형 잡기를 해낼 수 있을까? 또 얼마나 오랫동안 이스탄불이 그에게서 주도권을 빼앗지 않고 이러한 운용의 묘를 발휘하도록 놓아 둘 것인가? 1807년 오스만의 수도에서 반란이 일어나 셀림 3세를 퇴위시키고 결국은 목숨까지 빼앗아 갔는데, 이는 메흐메드 알리에게 약간의 유예 기간이 생겼다는 의미였다. 이러저러한 상황으로 인해 얼마 동안 이스탄불에서 그에게 신경 쓸 겨를이 없었기 때문이다. 그러나 이는 생각했던 것보다도 더 큰 행운이었다. 왜냐하면 새로 등극한 술탄 마흐무드Mahmud 2세가 먼 곳에 있는 반항적인 주들을 확실하게 통제하기로 마음먹었기 때문이다. 메흐메드 알리는 히자즈 원정에 아들을 사령관으로 하는 병력을 보내기로 결정했는데, 이는 이스탄불을 달래고 자신에 대한 의심을 불식시킬 뿐 아니라 자기가 총독으로서 얼마나 충성스럽고 바람직한 신하인가를 보여 주는 결정이었다.

대체 권력 기반을 건설하다

이스탄불의 이름으로 원정에 나섬으로써 이스탄불을 달래는 것도 중요했지만, 이와 상관없이 메흐메드 알리가 이집트에서 살아남으려면 자신이 척결한 구세력을 대체할 충성스러운 엘리트를 만들어야만 했다. 전통적으로 맘루크 군사 실력자들은 그루지야에서 새로운 노예들을 수입해 옴으로써 병력을 보충하여 이집트에서 세력을 유지할 수 있었다. 맘루크 베이들과는 달리 메흐메드 알리는 자유민으로 태어난 무슬림으로, 가족과 친척들을 동원해 이집트를 크고 사유화된 영지로서 운영했다. 가족과 카발라 및 그 주변 지역 출신의 친구와 친지를 중심으로 가문을 이룬 것은 그의 다양한 재능을 보여 주는 여러 증거 중 하나이다. 여기에서는 파샤가 어떤 가문을 세우려 했으며 그 가문의 구성원들은 어떤 사람들이었는지 살펴보고, 1811년에서 1821년 사이에 이 새로운 엘리트들과 함께 어떻게 자신의 정책들을 발전시켜 나갔는지를 추적해 본다.

1805년 이집트의 총독으로 공식적으로 임명되고 겨우 한 달쯤 지나, 메흐메드 알리는 장남 이브라힘과 차남 토순을 이집트로 불러들여 그들이 아직 어린 나이였음에도 불구하고 높은 자리에 앉혔다. 장남 이브라힘이 처음으로 성채의 책임자로 임명된 것은 겨우 열여섯 살 때였다. 4년 후, 차남 토순은 열일곱의 나이로 아라비아의 와하비를 토벌하는 군사 원정대의 지휘관으로 임명되었다.

1809년이 되자 메흐메드 알리는 이제 아내 에미네와 다른 자녀들—이스마일, 테우히데, 나즐르—을 이집트로 부를 때가 되었다고 생각했다. 전임 오스만 총독들도 자기 가족을 데려오곤 했으므로 이는 그 자체로는 그다지 새로운 일은 아니었다. 그러나 메흐메드 알리에게 예사롭지 않은 점은 이집트로 가족을 부름으로써 그곳에 영원히 남겠다는 의도를 명확하게 드러냈다는 것이다. 그는 이미 1808년에 카이로 동남쪽에 가족묘를 건설하기 시작했다. 당시는 맘루크들을 제거하지도 못했고, 자신의 통치를 유명하게 만든 대단한 성취 가운데 아무것도 이루지 못한 상태였다는 점에서, 이는 상당히 놀라운 결정이었다. 따라서 이렇게 일찍 이집트에 가족묘를 건설했다는 것은 메흐메드 알리가 자기와 가족들이 죽을 때까지 거기서 살 것이라고 굳게 믿고 있었다는 뜻이었다.

직계 가족을 이집트에 정착시키고 나서 메흐메드 알리는 다른 친척들을 자기의 새 나라에 와서 살도록 불러들였다. 결국 삼촌들, 숙모들, 조카들, 사촌들, 그리고 친구들이 이집트에 떼로 몰려와서 중요한 지위, 높은 봉급, 그리고 멋진 저택들을 얻어 가졌다. 여기에는 예엔—투르크어로 예엔yeğen은 조카를 의미한다— 형제들(4남 2녀)도 있었으니 그들은 파샤의 조카들이었다. 그들 중 이브라힘Ibrahim과 아흐메드Ahmed는 나중에 군부에서 높은 지위에 올랐고 파샤가 통치하게 된 속령屬領들(각각 예멘과 아라비아)에 총독으로 임명되었다. 카발라에서 온 다른 조카 메흐메드 셰리프Mehmed Şerif는 요직을 두루 섭렵했다. 그는 처음에는 파샤의 부관으로 임명되었고, 그다음에는 하이집트에서 고을 수령이, 시리아가 자기 삼촌의 통치하에 들어온 후에는 그곳의 총독이, 그다음에는 파샤의 내각 책임자가 되었으며, 마침내는 재정 감독관이 되었다. 메흐메드 알리는 가문을 더욱 강화하고 카발라와의 관계를 돈독하게 하기 위해 자신의 여동생들과 딸들을 고향 출신 사람과 결혼시켰고, 그 확대 가족의 새로운 구성원들을 이집트로 불렀다. 이 인척들 가운데 가장 눈에 띄는 사람은 뮈하렘 베이Müharrem Bey인데, 그는 카발라 출신으로 메흐메드 알리의 장녀 테우히데와 결혼했다. 뮈하렘 베이는 알렉산드리아의 수령 자리에까지 올랐으며 장인의 해군의 총사령관이 되었다. 파샤의 차녀인 나즐르는 메흐메드 휘스레우 드라말르 Mehmed Hüsrev Dramallh와 결혼했다. 이름에서 알 수 있는 것처럼 휘스레우는 카발라 북쪽에 있는 드라마라는 도시 출신이었다. 그는 재무장관으로 임명되어 메흐메드 베이 데프테르다르Defterdar(재무장관)로 불렸다. 삼녀 제이넵은 아흐메드 아부 위단Ahmed Abu Widan이라는 메흐메드 알리의 노예 출신 체르케스 인 부하와 결혼했는데, 그는 나중에 전쟁을 총지휘했고 수단의 총독이 되었다. 메흐메드 알리의 삼촌인 이스학Ishaq도 이집트로 초빙되었다. 그의 딸인 네비헤Nebihe는 해군을 맡게 된 오스만 누렛딘Osman Nureddin과 결혼했다.

경제 정책을 세우다

이집트에서는 높은 봉급을 받을 수 있다는 소문이 퍼지면서 다양한 사람들이 파샤의 휘하로 몰려들었다. 알다시피 파샤의 늘어난 재산 가운데 많은 부분이 총독으로 일하던 초기에 제도화한 무역 독점에서 기인했다. 1811년 상이집트에서 생산되는 모든 곡물의 판매가 독점화되었다. 그다음 해에는 삼각주 지역에서 생산되는 쌀에까지 독점이 확대되었고, 1815년에는 상이집트의 설탕이 독점의 대상이 되었다. 1816년에는 이집트의 환금 작물 대부분에까지 이 정책이 확대되었다. 그 결과 메흐메드 알리는 이러한 작물을 농민으로부터 시장 가격보다 낮게 사서는 국내 시장이나 국제 시장에 팔아 높은 이윤을 얻을 수 있었다.

게다가 맘루크들을 제거하고 얼마 안 되어, 메흐메드 알리는 세금을 선납할 수 있는 사람들이 사들인 토지세 징수권인 일티잠iltizam(세금 징수 청부권)을 빼앗을 수 있었다. 일티잠은 상이집트에서는 1812년에, 하이집트에서는 1814년에 폐지되었다. 그러고 나서 곧 농업 와크프waqf*

---

* 와크프는 공익이나 자선의 목적으로 기진된 재산 혹은 그 재원으로 운영되는 공공시설을 총칭하는 말이다.

역시 몰수되었다. 이렇게 토지의 점유, 세금의 징수, 농산물의 판매에 까지 통제력을 확대한 후에, 메흐메드 알리는 생산 과정 자체에도 관여 함으로써 농업 부문을 통제하는 데 있어 한걸음 더 나아갔다. 그는 새 로운 작물과 기술을 도입하고 윤작 체계를 수립했는데, 농민들은 이에 따라야만 했다.

  그전의 어떤 총독도 성공하지 못했던 이러한 일련의 조치는 메흐메드 알리가 잉여 농산물을 통제할 수 있도록 해주었으며, 도시와 농촌의 빈 민들에게 엄청난 영향을 주었다. 농민들은 자기들 생활이 파샤의 세련되 고 치밀해진 행정 기관에 의해 통제되고 조절되고 있다는 것을 알게 되 면서, 자신들이 파샤에게 직접 봉사하고 있다고 생각하게 되었다. 예컨 대, 어느 지방 세금 청부업자가 몇몇 농민에게서 세금을 징수하려 하자 그들은 "당신의 시대는 끝났다. 우리는 파샤의 농민이 되었다."라고 대답 했다고 한다(자바르티, 1994, IV, 289쪽). 가끔 농민들이 옛날식으로 일을 하 려고 하면 파샤의 부하들이 무자비하게 막았다. 앞서 로제타에서 영국 의 공격을 막아 내는 대목에서 등장했던 알리 실라니키가 좋은 예이다. 생산한 옷감을 명령받은 대로 파샤의 창고로 보내지 않고 시장에서 팔 다가 체포된 농민이 있었는데, 알리 실라니키가 그 옷감에 타르를 묻혀 서 농민의 몸에 두르게 한 후 거기에다 불을 붙였다는 소문이 자자했다 (아리프, 연대 미상, II, fols. 72~73). (알리 실라니키가 메흐메드 알리 파샤와 매 우 가까웠으며 파샤가 그를 가문의 일원으로 대접한 것은, 알리 실라니키가 1824년에 사망했을 때 파샤의 가족묘에 묻힌 것을 보면 알 수 있다.)

  카이로에서 시장 감독관은 파샤의 규정에서 어긋나는 그 어떤 행위에 대해서도 전설적인 엄혹함을 보였다. 화폐 위조자들은 코에 동전을 박은 채 중세 카이로의 오래된 문에 매달려 교수형에 처해졌다. 고기 무게를 속이다 들킨 푸줏간 주인들은 코에 칼집을 내어 거기에 고기 덩어리를 매달아야 했다. 비슷한 죄로 걸린 제빵업자들은 불에 달궈진 뜨거운·팬 위에 앉아 있어야 했다(자바르티, 1994, IV, 391~393쪽).

그와 동시에 파샤의 금고는 계속 채워지고 있었으므로, 오스만 제국 방방곡곡에 파샤의 금고가 돈으로 넘쳐 흐른다는 소문이 나는 데는 그리 오랜 시간이 걸리지 않았다(아리프, 연대미상, II, fol. 42). 메흐메드 알리는 급속히 늘어나는 부를 이용하여 이집트에서 차곡차곡 키워 낸 엘리트들을 결속시킬 수 있었고, 제국 내 여러 곳에서 자신을 위해 일하러 오는 사람들에게 넉넉한 대가를 제공할 수 있었으므로, 술탄과 비교해서도 경쟁력이 있는 지위를 차지하게 되었다. 그는 프랑스 인 고문에게 다음과 같이 말하기도 했다. "다행히도 그[술탄]는 봉급을 적게 준다오. 나는 훨씬 많이 줘 왔고……." 그러나 술탄은 칭호와 족보의 무게에 의지할 수 있었던 반면, 메흐메드 알리는 자기 수하로 들어온 사람들이 계속 충성을 바치도록 하려면 극단적인 방법을 써야 했다. 그들이 자신에게 완전히 의존하지 않을 수 없게 만드는 것보다 충성을 이끌어 내는 더 좋은 방법이 있었겠는가? 그는 앞의 프랑스 인 고문에게, "그들이 나에게 계속 충성하도록 만들 필요가 있었소. 나는 그들에게 돈과 선물을 듬뿍 주면서도 그들이 [농지]를 점유하고 백성들에게 사적인 영향력을 끼치는 것을 막음으로써 그러한 길을 찾았소."라고 말했다(두앵, 1927, 111쪽). 그 결과 메흐메드 알리는 특권 엘리트들 사이에서 웰리 니메트

veli nimet(아랍어로는 waliyy al-ni'am)라고 불리었다. 이는 전통적으로 오스만 술탄에게 사용되던 칭호로, 문자 그대로 '은사恩賜의 원천' 혹은 더 간단히는 '시혜자'라는 뜻이었다. 이는 메흐메드 알리의 칭호 가운데 널리 알려진 것 가운데 하나로, 그가 가장 좋아하는 칭호이기도 했다.

히자즈 원정에 나서다

자기 주변으로 촘촘히 엮듯 만들어 놓은 엘리트 집단 덕분에 새 근거지가 안전하다고 느끼게 된 메흐메드 알리는, 그 이전의 오스만 총독들은 감히 생각도 못해 본 정책들을 추진하기 시작했다. 친척과 친구들을 불러들여 요직에 앉히는 메흐메드 알리의 정책은 오스만 수도의 많은 고위 관료vizier가 눈썹을 치켜세우며 그의 궁극적인 속셈이 무엇인지를 쑥덕거리게 만들었다. 그러나 중앙 정부에 전투력이 부족한 데다가 이 논란거리의 총독이 드러내 놓고 반란을 일으킬 기미를 보이지 않자, 이스탄불은 이 수상한 파샤를 일단 믿어 보기로 했다.

1811년 와하비에 대한 원정을 시작하라는 명을 받았을 때, 메흐메드 알리는 이 첫 번째 충성도 시험 기회를 놓칠 수 없었다. 그리하여 그는 원정을 이끄는 아들 토순에게 자신이 동원할 수 있는 최대한의 인력, 보급품, 무기를 공급하기 위해 최선을 다했다. 그는 사이드 무함마드 알 마흐루키를 원정의 병참 담당으로 임명하고 아들에게 그와 정례적으로 상의하라고 지시했다. 메흐메드 알리는 마흐루키를 젊고 경험이 없는 아들 옆에 두고는 자신이 직접 15,000 병력에 보급을 하고 봉급을 주는 복잡한 과정을 감독함으로써 벌충이 되기를 바랐다.

동시에 그는 사기를 북돋우고 건전한 조언을 하는 격려 편지를 쓰며 아들과 계속 연락을 취했다. 이 편지들에서 아버지와 아들 사이가 친밀하고 다정하다는 것을 알 수 있는데, 비록 격식을 차려 서로를 호칭하고 있지만 두 사람이 긴밀한 유대 관계를 맺고 있음을 느낄 수 있다. 예컨대 원정군이 사소한 패배를 당했을 때 메흐메드 알리는 아들에게 다음과 같은 편지를 보냈다.

> 나의 가장 사랑하고 명예로운 아들 토순 파샤에게.
> …… 승패는 신으로부터 나오는 것이며 신의 손에 달려 있다. 그러니……
> 나의 눈동자[처럼 소중한 나의 아들]이여, 포기도 실망도 하지 마라. 왜냐
> 하면 절망은 그대에게 어울리지 않는 불명예이며, 마음에 절망이 스며들
> 게 하는 것은 잘못이기 때문이다. 용기와 용맹은 적을 다시 공격하고 적
> 에게 복수하면 뒤따라오는 것임을 알거라. 나는 술탄 덕분에 많은 물자와
> 돈을 갖고 있으니, 이제 곧 그대에게 보내 줄 것이다. 그러니 슬퍼하지 말
> 고 경계를 늦추지 마라. …… 그리고 나 자신도 어떤 때는 승리했고 어떤
> 때는 패배했으며 그런 일로 동요한 적도 있지만, 항상 다시 싸워서 적을 격
> 파했음을 잊지 마라. (이집트 국립 문서고, 1812)

토순은 18개월의 전투 끝에 1812년 12월 와하비를 메디나에서 축출했다. 메흐메드 알리는 즉각 자신의 열쇠 관리자인 라티프Latif 아아에

게 메디나의 열쇠와 죽은 와하비 지도자들의 시체에서 잘라 낸 300쌍의 귀를 주어 이스탄불로 보냈다. 이 소식은 이스탄불에서 엄청난 환영을 받았는데, 오스만 수도에 되돌아가 있던 휘스레우 파샤마저도 자존심을 죽이고 중요한 승리를 거둔 데 대한 축하 편지를 옛 라이벌에게 쓸 수밖에 없었다.

그다음 달(1813년 1월) 메카를 정복한 토순은 아버지에게 메카에 있는 대모스크와 이브라힘*의 묘를 방문했다는 편지를 써 보냈다. 메카의 울라마 31명은 메흐메드 알리에게 이 성스러운 도시를 "이단적이고 폭력적이고 호전적인…… 무신론자"** 와하비에게서 구해 준 것에 대해 감사하는 편지를 보냈다(이집트 국립 문서고, 1813). 메흐메드 알리는 술탄에게 자신의 충성을 보이는 데 열심이어서, 이 성스러운 도시의 열쇠를 당시 열일곱 살이이던 셋째 아들 이스마일에게 주어 이스탄불로 즉각 보냈다. 이는 결코 작지 않은 성공이었고, 술탄은 자신의 신하에게 감사를 표하기 위해 이스마일을 모든 고관이 참석하는 화려한 연회에 초대했다. 술탄은 친히 참석하여 자기 손으로 직접 성스러운 메카의 열쇠를 받았는데, 이는 무척 드문 행동이었다. 술탄 마흐무드는 성스러운 두 도시를 오스만 영역으로 되돌리고 그리하여 술탄의 권위를 회복시킨 공에 대한 상으로 토순에게 짓다의 총독직을 수여했다. 그는 또한 토순을

---

* 구약성경에 나오는 아브라함.

** 물론 와하비를 무신론자라 부른 것은 반란을 배격하고자 하는 정치적인 수사일 뿐이다. 와하비식의 이슬람은 극히 경건하며 이슬람의 기본 교리에 충실하고자 한다.

메카의 샤이크*에 임명했다. 메흐메드 알리에게 그것만큼 중요한 것은, 와하비에 승리한 덕분에 술탄 마흐무드가 다른 많은 칭호에 더하여 '가지ghazi'(성전사)도 쓸 수 있게 되었다는 페트와fetva**가 나왔다는 사실이었다.

자기 덕분에 술탄이 그렇게 탐내던 칭호를 얻게 되었다는 것은 대단한 영광이었을 뿐만 아니라, 메흐메드 알리 입장에서는 엄청난 자긍심을 느낄 만한 일이었다. 그는 이제 제국 내에서 힘 있는 총독 중 하나가 되었고, 남들이 보기에는 술탄이 그에게 개인적으로 신세를 졌다고 할 정도가 되었다. 이처럼 인정받은 것에 힘입어 메흐메드 알리는 이스탄불에 있는 대리인 네집 에펜디Necib Efendi를 통해 고향 카발라의 해안에서 멀지 않은 타소스 섬의 세금 징수권을 달라는 청원을 했다. 이제 자신이 오스만 고위층 가운데에서도 가장 대단한 명사들과 동등해졌다고 생각하면서, 메흐메드 알리는 이 섬의 세금 수입을 모두 카발라와 그 주변 지역의 빈민들을 위한 거대한 교육 시설을 짓는 데 쓰겠다는 약속을 했다. 술탄은 이에 답하여, 메흐메드 알리가 타소스 섬의 세수로 와크프를 건설하도록 허락했다. 이 와크프는 초등학교와 중등학교, 빈민을 위한 급식소, 모스크와 공중목욕탕을 포함하는 거대한 교육 시설 복합군을 이룰 것이었다. 나중에 '메흐메드 알리의 이마렛imaret'***이라

---

* 메카에서 오스만 중앙 권위를 대표하는 관료. 메카의 지역 내 권위를 대표하는 직위는 메카의 샤리프이다. Mustafa Sabri Küçükaşcı, "Şeyhülharem", *Diyanet Vakfı İslam Ansiklopedisi*, vol. 39, p. 91.

** 이슬람법 전문가가 내주는 법률 자문 의견.

*** 와크프의 건물 복합군을 일컫는 말. 좁게는 무상 급식소를 의미하기도 한다.

고 일컬어지게 된 이 시설은, 100명 이상의 학생들을 무상으로 재우고 교육하고 먹일 수 있는 수용 능력을 가졌다. 모든 자료를 검토해 볼 때, 이는 메흐메드 알리가 지은 것 가운데 가장 먼저 만들어진 것이자 가장 규모가 큰 교육 시설이다.

얼마 지나지 않아 아라비아에서는 토순의 군대가 심각한 타격을 입게 되었다. 와하비를 그들의 본거지에서 이기려면 원정대의 모든 병참, 재정, 군사 문제뿐 아니라 아랍 부족 정치의 복잡한 문제를 근본적으로 해결해야 하는데, 메흐메드 알리는 이것이 자기 아들에게는 능력 밖의 일이라고 확실하게 판단을 내렸다. 얼마간 숙고한 끝에 메흐메드 알리는 자기가 직접 아라비아에 간다는 대담한 결정을 내렸다. 그는 이집트를 비울 경우 발생할 위험과 아라비아에 직접 감으로써 얻을 수 있는 이득을 비교해서 저울질해 보았고, 결론은 히자즈 원정에 쏟아 부은 그동안의 노력을 확고히 할 필요가 있다는 것이었다. 1813년 8월에서 1815년 6월까지 약 2년 가까이 아라비아에서 보낸 세월 동안 메흐메드 알리는 충성도가 의심스러운 몇몇 지방관을 축출하는 등 여러 행정 관료를 재구성하는 데 성공했다. 그는 또한 사우디 가문을 떠나 자기와 운명을 같이해 보지 않겠냐고 부족장들을 설득했다. 아라비아에 있으면서 그는 순례를 행했고 '하지'(순례자)라는 칭호를 얻었다.

비록 와하비를 확실하게 물리치지는 못했지만, 토순은 마침내 아버지에게 이집트로 돌아가고 싶다고 청원했다. 토순은 너그럽고 용감하고 이집트 인들을 진정으로 아낀다는 평판을 얻고 있었으며, 부하들에게서는 사랑과 존경을 받았으므로, 이집트로 귀환하여 영웅으로 대접

받을 터였다. 1816년 9월 29일 그는 자신의 거소로 물러나 축하 행사를 준비했다. 그러나 축하 행사가 시작되자마자 흑사병으로 쓰러져 하루도 못 가서 죽고 말았다. 이 소식을 듣고 아버지 메흐메드 알리는 완전히 비탄에 빠졌는데, 그때는 이미 토순의 장례 행렬은 파샤가 자기와 가족을 위해 지어 놓은 카이로의 가족묘로 향하고 있었다. 파샤는 급히 돌아와 장례에 참석했으나 절망과 혼란에 빠져 아들의 죽음을 받아들일 수 없었다.

이 개인적인 비극에서 회복하고 나서, 메흐메드 알리는 토순이 아라비아에 남겨 놓은 일을 마무리하겠다고 결심했다. 그는 장남 이브라힘을 파견해 와하비와 그들의 동맹 사우디와의 싸움을 다시 시작했다. 이브라힘은 이 기회를 이용하여 사기, 병참, 보급 등 핵심적 문제를 완전히 파악했을 뿐만 아니라, 대담한 전술을 펴고 주도권을 장악함으로써 자신이 군사적으로 탁월하다는 것을 보여 주었다. 아라비아 전장에서 그가 세운 최대의 전공은 사우디 수도 다르이야Dar'iyya에 대한 성공적인 포위 작전이었다. 1818년 9월 16일 아버지로부터 명을 받은 이브라힘은 군인들에게 도시를 포위하여 땅 위에 서 있는 것은 모조리 쓸어버리라고 했다. 그러고는 사우디 지도자 압둘라 이븐 사우드Abdallah ibn Sa'ud를 잡아 쇠사슬로 묶어 아버지가 있는 이집트로 보냈다. 메흐메드 알리는 그를 다시 이스탄불로 보냈고, 그는 1818년 12월 17일에 참수되었다. 다시 한 번 술탄 마흐무드는 메흐메드 알리에게 빚진 것을 인정하여, 그의 아들 이브라힘을 짓다의 총독으로 임명하고 공식적으로 파샤의 칭호를 수여한다는 피르만을 내렸다.

아라비아에서 결정적 승리를 거두고 처음으로 사우디 국가를 파괴할 수 있었던 것은, 이브라힘의 군사적 실력이 뛰어난 것과 함께 메흐메드 알리가(비록 항상 시간을 지킨 것은 아니었지만) 군대에 봉급을 지급할 수 있었기 때문이기도 했다. 이는 메흐메드 알리의 긴 통치 기간 동안 계속된 양상으로, 이브라힘은 군사적 측면에 집중하고 메흐메드 알리는 재정, 병참, 외교적 측면을 맡는 부자간의 '분업'이 이때 자리를 잡았다.

　아랍 원정과 관련해 재미있는 것은, 이브라힘이 거둔 군사적 성공은 메흐메드 알리가 제공한 병참과 재정 지원에 더하여 이브라힘이 아버지를 도와 이집트 농촌을 완전히 개혁하면서 쌓은 행정 경험 때문이기도 했다는 것이다. 맘루크 대학살 이후 메흐메드 알리는 1807년 이래 수석 재정관으로 일해 온 이브라힘에게 상이집트의 행정을 일임했고 이를 확인해 주는 피르만을 술탄에게서 얻어 내는 데 성공했다. 새 직책을 맡은 이브라힘은 아버지의 지배권을 남쪽의 모든 영토로 확대하는 데 성공했고, 이 지역의 토지를 조사하여 종전보다 높은 세율을 적용했다. 그다음 해인 1814년 삼각주 지역에서도 비슷한 방식의 조사가 시행되었다. 조사가 지극히 자세하고 치밀한 방식으로 진행된 덕분에 유럽과의 무역에서 본 손해를 메꾸어 주었을 뿐만 아니라 증가하고 있는 아라비아 전투 비용을 지출할 수 있도록 해주었다. 1821년에도 이브라힘은 또 한 번 토지 조사를 감독했다. 그는 두 팀의 토지 조사관들이 한 팀은 느리지만 정확하고 다른 팀은 빠르지만 덜 정확한 서로 다른 모습을 보이고 있음을 알고는 정확성과 속도를 겸비할 것을 요구했다.

절대 권력

이브라힘은 전쟁터에서 적을 다루는 방식과 별로 다르지 않은 끔찍하고 잔인한 방식으로 농민과 물타짐multazim(세금 청부업자), 촌장들을 다루었다. 자바르티는 세금을 내지 못한 농민을 마치 꼬챙이에 꿴 고기처럼 구워 버린 일을 비롯하여, 상이집트에서 이브라힘이 저지른 잔학상을 묘사하면서 분노를 감추지 못했다. 이 통찰력 있는 연대기 작가는 이브라힘의 잔인한 행동을 13~14세기의 너무도 유명한 몽골 제국의 침략으로 빚어진 재앙에 비유하기도 했다(자바르티, 1994, IV, 256쪽).

파샤와의 관계에 기대어 선을 넘는 자는 이브라힘만이 아니었다. 권력의 남용은 파샤가 건설한 체제 안에 내재하는 풍토병 같았다. 가문에 의존하는 정부는 필연적으로 부패했고, 파샤와 가까운 가문 구성원들은 종종 그들에게 주어진 선을 넘어 메흐메드 알리가 알면 경고를 받게 될 많은 사건을 저질렀다. 예컨대 메흐메드 알리의 아들 중 하나인 휘세인은 자신이 다니는 기자의 학교가 상당히 춥다고 느끼고는 난로를 가져다 달라고 부탁했다. 이 일을 들은 아버지는 젊은이의 요청에 응한 열쇠 담당자를 문책했다. 그러자 열쇠 담당자는 "제가 뭘 할 수 있겠어요? 잘 모르는 사람이 그런 부탁을 해도 들어줄 판인데, 하물며 메흐메드 알리의 아들이 원하는데 거절할 수 있겠습니까?"라고 했다(아리프, 연대 미상, II, fol. 67). 수석 재정관 메흐메드 베이 데프테르다르와 결혼한 파샤의 딸 나즐르와 관련된 이야기도 있다. 그녀는 남편을 매우 사랑했는데, 질투가 많아 남편을 독점하려 했다고 한다. 어느 날 남편이 한 여자 노예의 아름다움을 이야기하자, 나즐르는 조용히 듣기만 했다. 나중에 저녁 식사 시간에 그녀는 남편에게 문제의 여자 노예의 머리를 접시에 담아 보여 주었다. 남편은 식탁에서 일어나 나가서는 다시는 그녀에게 돌아가지 않았다고 한다(투가이, 1963, 117쪽). 메흐메드 알리는 이 사건에 대해 듣고는 너무나 화가 나서 손자 압바스Abbas에게 고모를 죽이라고 명령했다. 압바스가 오랫동안 간청한 끝에 메흐메드 알리는 딸을 살려 주기로 했다.

나사 조이기

이와 같이 메흐메드 알리는 이집트와 그 주변에서 정책을 수행하는 데 있어 자신의 최측근 혈연 집단에 의존했다. 메흐메드 알리의 가족은 점점 더 이집트 권력의 중심이자, 주변에 형성되고 있던 새로운 엘리트 구성원의 중심으로 부각되었다. 새로운 엘리트들은 이 가족과 얼마나 가까운가를 가늠하는 것으로 자신의 중요성을 판단했다. 메흐메드 알리는 자기 지위를 더욱 강화하기 위해 자신이 선택한 집단이 어떻게 행동하는지 감시해야 했다. 그런데 이보다 더욱 중요한 일은 이스탄불 측에서 은밀하게 이집트 내부를 들쑤셔 꾸밀지도 모르는 어떤 음모의 속삭임이라도 잡아내는 것이었다. 이 방면의 책임자는 1810년에 그의 신하가 되어 2년 후 제2인자가 된 메흐메드 라즈올루였다. 그는 잔인한 성격과 이집트 전역에서 많은 이권에 개입한 것으로 유명했다. 그의 권력은 메흐메드 알리가 그를 절대적으로 신뢰했기 때문에 가능한 것이었는데, 그 반대급부로 그는 파샤를 위해 온갖 궂은일을 도맡아 했다. 그가 이뤄 낸 가장 큰 업적은 복잡한 스파이 네트워크의 구축이었는데, 이는 자신의 주군에 대항하는 많은 음모를 사전에 막을 수 있도록 해주었다. 이 네트워크에는 행상인으로 변장한 무수히 많은 요원이 포함되어 있었다. 그들은 밤에 부유하고 권력 있는 집에서 부르기를 바라며 카이로의 여러 구역을 돌아다녔는데, 일단 안으로 들어가면 투르크어를 모르는 척하면서 거기서 오가는 대화를 엿들었다. 그들은 엿들은 내용을 적어서 밤마다 특정한 비밀 주소로 보고했는데, 동료가 누군지도 몰랐고 윗사람을 만난 적도 없었다. 그들의 직속상관이 메흐메드 알리에게 아랍어를 가르친 적이 있는 아랍어와 투르크어에 능통한 노파였음이 나중에 밝혀졌다. 이 여인은 보고서들을 받아서 요약하고 핵심을 간추려 그다음 날 아침 라즈올루에게 전달했다.

1815년 라즈올루의 정보 시스템은 메흐메드 알리에 반대하는 심각한 음모를 밝혀내는 데 있어서 매우 중요한 역할을 했다. 메디나의 열쇠를 술탄에게 진상하기 위해 이스탄불로 갔던 열쇠 담당자 라티프 아아는, 파샤가 친히 아라비아에서 와하비와 전투를 벌이고 있던 토순을 돕고 있는 동안에도 이스탄불에 파견되어 있었다. 이 라티프 아아는—아마도 메흐메드 알리의 오랜 숙적 휘스레우에 의해— 카이로에서 그의 주군에 반기를 들도록 부추김을 받았다. 라티프 아아는 파샤의 칭호를 얻었으며, 만일 그가 궁정 쿠데타에 성공하면 메흐메드 알리 대신 이집트의 총독직을 얻게 될 것이라는 약속을 받았다. 이집트에 돌아온 라티프는 1815년 메흐메드 알리가 이집트를 비운 틈을 타서 파샤를 폐위할 계획을 세우기 시작했다. 라즈올루는 곧 이 계획을 듣게 되었고, 즉각 부하들을 보내 라티프 아아를 체포하여 심문조차 하지 않고 중앙 성채 아래 있는 광장에서 참수해 버렸다. 아라비아에서 돌아온 메흐메드 알리는 라즈올루가 한 일을 칭찬했다. 그러면서 라즈올루에게 라티프의 혐의에 대해 확신이 있었는지, 처형하기 전에 왜 라티프를 심문하지 않았는지를 물었다. 라즈올루는 "제가 그렇게 했다면, 참수된 것은 저였겠지요." 하고 대답했다(아리프, 연대미상, I, fol. 48; 자바르티, 1994, IV, 251~255쪽).

기반 시설에 투자하다

남들이 그토록 부러워하는 관할지에서 쫓겨나지 않게 해줄 만한 군사력은 아직 없었어도, 메흐메드 알리는 이제 점점 더 확고해지는 자기 지위에 대한 안정감과 아라비아에서 거둔 승리로 이스탄불은 무마되었다는 보다 큰 자신감을 갖게 되었다. 이제는 소득의 증가라는 또 하나의 이득이 따라올 이 나라의 하부 구조를 바꿀 때가 된 것이다. 이집트의 전임 총독들은 임기가 몇 년밖에 안 된다는 것을 항상 의식했기 때문에, 하부 구조에 대한 본질적인 개선은 실행은커녕 생각하기도 어려웠을 것이다.

우리는 이미 메흐메드 알리와 아들 이브라힘이 협력하여 하나의 사업을 진행한 것을 보았으니, 그것은 바로 1813~1814년 사이에 이루어진 토지 조사였다. 1810년대에 파샤는 알렉산드리아에서 나일 강을 연결하는 운하를 더 깊게 만들기 위해 다시 준설 공사를 하라고 지시했고, 마르세유Marseille 출신의 프랑스 인 건축가 파스칼 코스트Pascal Coste의 도움을 받아 이 거대한 계획을 진행했다. 1817년에 이집트에 온 코스트는 카이로와 알렉산드리아에 있는 파샤의 궁전들, 삼각주 지역의 암염 공장과 카이로의 화약고 등을 비롯한 많은 공사를 수주했다. 그러나 그의 가장 큰 업적은 알렉산드리아와 나일 강을 잇는 운하의 연결이었다. 1817년에 시작된 이 공사는 완공되기까지 3년이 걸렸고, 완성된 운하의 길이는 약 72킬로미터로 35,000케세*(즉, 750만 프랑 정도)의 비용이 들었다. 이 공사는 메흐메드 알리가 이집트의 인력 자원을 통제하는 데 성공했다는 명확한 증거였다. 약 300,000명의 노역자가 끌려 나와 일한 것으로 추산된다. 이들 중 1/3에 가까운 노역자들이 이 과정에서 주로 과로, 기아, 불충분한 의료 조치 때문에 죽었다. 오스만 중앙 정부를 무마하기 위해 메흐메드 알리는 이 새 운하의 이름을 당시의 오스만 군주 술탄 마흐무드 2세의 이름을 따 '마흐무디야Mahmudiyya' 운하라고 지었다.

---

* 케세는 '돈주머니'라는 뜻의 큰 화폐 단위이다.

그래도 남은 불안감

이집트에서는 좀 더 안전해졌다고 느꼈지만 술탄과 대립할 가능성은 전에 없이 높아졌기 때문에, 메흐메드 알리는 여전히 이스탄불과의 관계를 걱정해야 했다. 수도에서 들려오는 소식에 의하면, 술탄 마흐무드 2세가 이스탄불에 의한 중앙 집권을 강화하고 있으며, 더불어 반란을 일으키거나 저항적인 지역을 강력하게 통제하려고 한다는 것이었다. 신기하게도 술탄의 정책들 중 많은 부분이 이 야심만만한 이집트 총독의 정책에서 영감을 얻은 것이었고, 결정적인 문제는 메흐메드 알리가 이 '개혁' 과정에서 어떻게 술탄을 이길 것인가였다.

이스탄불과의 이 미묘한 경쟁에서 성공하기 위해서는, 이집트를 메흐메드 알리에게서 뺏어 가려는 어떤 시도도 좌절시킬 수 있을 만한 전투력을 키워야 했다. 라티프 아아의 역모는 언제든 방심해서는 안 된다는 것을 보여 주었다. 더욱이 아라비아 원정을 통해 전장에서의 성공에도 불구하고 알바니아 인, 모로코 인, 투르크 인, 베두인 족 등 다양한 종족으로 구성된 메흐메드 알리의 군대는 별로 믿을 만하지 못하다는 것을 분명히 깨달을 수 있었다. 그리하여 아라비아에서 돌아오자마자 메흐메드 알리는 군의 재구성에 들어갔다. 이는 아마도 1801년 대제독 휘세인 파샤와 함께 이집트에 온 니잠 으 제디드 군대와, 일찍이 1802~1803년의 짧은 기간 동안 이집트의 총독으로 있으면서 휘스레우 파샤가 행한 군사 개혁 실험에서 영감을 얻은 것으로 보인다. 메흐메드 알리는 1815년 8월의 더운 여름날 알바니아 군인들을 모아 놓고는 중앙 성채 아래의 넓은 광장에서 조준 사격 연습을 하라고 명령했다. 그다음 날, 앞으로는 파샤가 직접 병사들의 점호를 실시할 것이며 병사들을 니잠 으 제디드식으로 개편할 거라는 소문이 돌았다.

이 시도는 처참한 실패로 돌아갔다. 병사들은 첫날에는 파샤의 명령에 마지못해 복종했지만 그다음 날 그를 암살하려는 음모를 꾸몄다. 라즈올루의 스파이 네트워크 덕에 파샤는 즉각 이 음모에 대해 보고받았고 호위 속에 신속하게 중앙 성채로 옮겨 갔다. 음모를 꾸민 자들은 계획이 실패했음을 깨닫자마자 카이로 시내를 약탈하고 상당한 양의 재산을 파손하면서 난동을 부렸다. 메흐메드 알리가 할 수 있었던 일은 약탈당한 재산을 돌려주거나 손해액을 배상해 주면서 상인들과 주민들을 진정시키는 것뿐이었다.

메흐메드 알리는 이 심각한 사건에 깊이 동요되었고 의지할 만한 군대가 필요하다는 것을 절실하게 느꼈지만, 한동안은 이런 생각을 제쳐 두고 좀 더 핵심적인 문제들에 집중했다. 5년 후인 1820년에 그는 수단에 두 차례의 원정을 보냈는데, 한 번은 스물다섯 살 된 아들 이스마일 파샤가, 또 한 번은 사위 메흐메드 베이 데프테르다르가 지휘했다. 이 두 원정대는 모두 10,000명 정도의 규모로, 모로코 인, 베두인 족, 알바니아 인, 투르크 인으로 구성되었다. 메흐메드 알리는 아들에게 이 원정의 목적이 자신이 만들려고 하는 새 군대에 충원할 수단 인을 가능한 한 많이 잡아 오는 것이라고 분명히 밝힌다. "우리에게는 복무할 노예가 보석보다도 귀중하다…… 그러므로 나는 그대에게 노예 6,000명을 모아 올 것을 명한다."(이집트 국립 문서고, 1822)

붙잡은 노예의 수가 목표에 훨씬 못 미쳤기 때문에 두 번의 원정은 처참한 실패였다. 더욱이 노예들을 이집트로 데려오는 동안에 어떻게 다룰 것인가에 대한 진지한 숙고는 사전에 이루어지지 않았으며, 많은 노예가 북쪽으로의 긴 행군 도중에 죽었다. 무엇보다도 이스마일의 지도력이 너무 형편없어서 그가 곤경에 빠졌을 때 장군들은 떠났고, 결국 이스마일은 끔찍한 사건으로 죽고 말았다.* 이 비극적인 소식을 전해 들은 메흐메드 알리는 지금까지 입은 손해를 감수하고 수단 인들을 동원해 자기가 원하는 훈련된 군대를 만든다는 계획 자체를 깨끗이 포기했다.

상업적 성공을 거두다

반복되는 원정과 거대한 하부 구조 개선 사업에 드는 비용은 메흐메드 알리에게도 결코 하찮은 것이 아니었고, 이를 충당하기 위해서는 꾸준하게 소득을 올리는 게 필요했다. 이집트의 농업 및 상업 부문의 거대한 이윤을 그의 돈주머니로 들어오게 한 독점 정책의 엄격한 실행 덕분에 이러한 비용을 지불할 수 있었다. 메흐메드 알리는 우리가 앞에서 만난 아르메니아 인 고문 보고스 유수피안의 도움으로 유럽 상인들과 상업적인 거래를 할 수 있었다. 이즈미르Izmir에서 1768년에 태어난

---

* 이집트에 정복된 수단의 베르베르 지역의 도시인 셴디Shendi에서 가혹한 노예 포획에 분노한 셴디의 왕의 계략에 속아 이스마일과 수행원들은 산 채로 불타 죽었다(1822년 10월). 이에 대해 이집트군은 셴디에 철저한 보복을 가해 그 지역을 초토화시켰다.

보고스는 모국어인 아르메니아어 말고도 투르크어, 그리스어, 이탈리아어, 프랑스어를 유창하게 구사했다. 1790년 로제타에 온 그는 곧 상업 활동을 시작했는데, 프랑스 점령기에 잠시 떠나 있다가 다시 이집트로 돌아와 메흐메드 알리 휘하로 들어갔다. 그는 알렉산드리아의 세관 업무를 책임졌으며, 커져 가는 유럽과의 상업적 이해관계를 다루었다.

이 두 사람 사이의 관계를 보여 주는 일화를 통해 메흐메드 알리가 자신의 최측근 고문을 어떻게 선택했는지를 알 수 있다. 1813년 메흐메드 알리가 알렉산드리아에 보낸 회계 담당관이 보고스가 파샤의 공금을 횡령하고 있다고 보고했다. 보고스는 파샤와의 면담을 위해 그 즉시 소환되었다. 잠깐 동안의 심문 끝에 유죄임이 드러났고 메흐메드 알리는 보고스를 참수하라고 명령했다. 그러나 사형 집행인은 보고스를 전부터 알고 있었을 뿐만 아니라 과거에 목숨이 걸린 위험한 상황에 처한 자신을 보고스가 구해 준 적도 있었기 때문에 보고스에게 신세를 갚고 싶었다. 그래서 사형 집행인은 그를 죽이는 대신 강에 있는 자기 배 안에 숨겨 놓고 아내에게 보살피게 했다. 얼마 후 어려운 재정 문제에 부딪힌 메흐메드 알리는 보고스의 전문적 식견을 아쉬워하면서 사행을 집행하라고 한 것을 후회하게 되었다. 사형 집행인은 이 이야기를 전해 듣고 자기가 명령을 어겼으며 보고스는 아직 건강하게 살아 있다고 보고하면서 파샤의 발 아래 엎드려 용서를 빌었다. 관대하게도 메흐메드 알리는 그에게 보고스를 데려오게 했다. 보고스를 보자마자 메흐메드 알리는 마음을 진정시키고 마치 아무 일도 없었던 것처럼 당면한 재정적 거래에 대해 의견을 구했다. 그때 이후 죽 보고스는 메흐메드 알리 정권의 중요한 기둥이 되어 상업적인 업무를 맡아 총괄하는 책임을 졌으며 주요한 대외 정책에 대해 파샤에게 조언했다. 그는 생활 스타일을 바꾸지 않았고 평생 동안 단순한 검은 옷만 입었다고 한다. 메흐메드 알리를 모신 34년 동안 보고스는 많은 친척을 불러서 이집트에 정착하도록 했고, 관료계가 확대되면서 늘어나는 중요 재정 관직들을 그들에게 주어 결국 크고 번창하는 아르메니아 인 집단의 우두머리가 되었다.

1844년 보고스가 죽고 나서 그의 유품을 정리하는 과정에서 일찍이 1837년 파샤가 수단을 여행하는 동안 발행한, 메흐메드 알리의 도장이 찍힌 백지 수표 몇 장이 아직도 그의 수중에 남아 있음이 밝혀졌다. 그리하여 그가 이 수표들을 이용해서 언제라도 얼마든지 돈을 쓸 수 있었다는 사실이, 다시 말해서 보고스가 얼마나 신뢰를 받았었는지가 명백하게 드러났다. 메흐메드 알리는 자신이 신뢰하던 친구가 죽었으며 매장이 서둘러 진행되었다는 소식을 듣고는, 알렉산드리아의 수령에게 "당나귀, 짐승"이라는 욕설이 담긴 편지를 보내 군사적인 예를 완전히 갖추어 공식 장례를 할 수 있도록 보고스의 시신을 다시 파내라고 명령했다.

메흐메드 알리 통치 초기에 이집트에서 통제를 강화하는 데 역시 중요한 역할을 한 사람으로 무알림 갈리Mu'allim Ghali가 있었다. 그는 회계 담당자 길드의 수장으로 임명된 콥트 인이었다. 콥트 인 서기들은 수 세기 동안 재정을 담당해 왔고, 세액을 평가하고 세금을 징수하는 데 있어서 맘루크 베이든 프랑스 행정가든 누구를 불문하고 보좌했다. 메흐메드 알리는 집권하고 나서 곧 갈리를 고용했고 모든 재정과 토지

소유 문제에 대해서는 그를 통해 보고를 받았다. 그런데 의심이 많았던 메흐메드 알리는 갈리가 돈을 횡령하고 있다는 소문을 들은 후 라즈올루에게 갈리를 체포하라고 명령했다. 라즈올루는 갈리를 파샤 앞으로 데려왔고, 갈리가 사라진 6,000케세를 내놓지 못하자 메흐메드 알리는 갈리의 동생 프란시스Fransis와 회계 담당자 시므안Sim'an을 데려오게 했다. 그들은 갈리 앞에서 발바닥에 채찍을 맞았는데, 갈리 또한 맞았다. 1,000대가 넘게 맞고서 시므안은 살아남지 못했고, 프란시스는 없어진 돈을 가져올 방법을 찾도록 석방되었지만 성공하지 못하면 형은 계속 구금되어 있을 것이라는 말을 들었다.

풀려난 후 갈리는 계속 재정 분야에서 메흐메드 알리를 도왔다. 그런데 그의 권력이 커지고 사업 방식이 확대되면서, 독자적인 권력 기반을 구축하고 있던 메흐메드 알리의 아들 이브라힘 파샤와 충돌한 것으로 보인다. 결국 갈리는 암살되었고 그의 시신은 나일 강에 버려졌다. 그러나 아들 바실리우스Basilyus는 갈리의 직위를 이어받아 그 후로도 오랫동안 메흐메드 알리를 섬겼다.

"제 집 안에 있는 늙은 거미"

현직에 있는 동안 메흐메드 알리는 위에 예로 든 사람들과 기타 자기를 섬기는 사람들을 가지고 자기 주변에 충성스럽고 신뢰할 만한 엘리트 집단을 만들기 위해 애썼다. 이 엘리트들의 중심에는 메흐메드 알리 가족과 가문이 있었고, 또 그 중심에는 파샤 자신—그의 존재 자체, 구두로 전해졌건 문서로 내려왔든 그의 명령, 그리고 궁극적으로 그의 모든 바람—이 있었다. 메흐메드 알리는 임기 초에는 카이로의 거리를 걸어 다니고 상인과 명사들을 방문하면서 평민들이 자기를 보고는 그 화려함과 의례에 감탄하게 만들었다. 마치 맘루크들과 전임 오스만 총독들의 멋진 행렬에 감탄하곤 했던 것처럼. 그러나 메흐메드 알리는 궁전들을 짓고는 점점 그 안에 칩거하게 되었다. 중요한 것은 그의 모든 궁전이 오스만 로코코식으로 지어졌으며 이스탄불의 궁전들과 비슷한 스타일로 장식하려고 신경을 썼다는 점이다.

메흐메드 알리가 사람들 앞에 나타나는 장소로 선호한 곳은 이러한 카이로의 궁전들이었다. 그가 유럽 인과 오스만 인들에게 자신을 어떻게 소개했는지에 대한 글들을 읽으면, 의례가 어떻게 진화하여 결국엔 아주 세련되는 데까지 이르게 되었는지 알 수 있다. 이런 의례들은 방문객들에게 범상치 않은 느낌을 주기 위한 것이었고, 또한 그들이 곧 알현하게 될 사람이 결코 평범하지 않은 사람이라는 것을 보여 주려는 것이었다. 그의 궁정은 정교한 의례의 거행과 함께 신비하면서도 겁을 주는 방식으로 놀라움과 공포를 내뿜었다고 전해진다. 빛과 가시성과 관련된 두 개의 주제가 파샤를 알현하는 것에 대해 적은 기록들에서 두드러진다. 어느 영국인 여행자는 파샤를 "자기 집 안의 늙은 거미"(린제이, 1838, I, 34쪽)라고 표현했다.

첫 번째 주제는 갈색의 굵은 촛불이 긴 그림자를 드리우고 신비한 느낌이 가득한 조명이 어스름한 접견실에 대한 한결같은 언급이다. 중앙

102

성채로 가는 긴 비탈길로 안내된 다음에 사람이 많은 대기실을 하나씩 거쳐 방문객은 마침내 네 개의 벽 중 세 개를 따라 이어진 소파 이외에는 아무것도 없는 커다란 방의 중앙에 서게 된다. 한구석에서 어둠에 둘러싸여 거의 보이지 않는 인물이 그림자 가운데서 나타난다. 곧이어 역시 겨우 모습이 보이는 통역의 도움을 받아 대화를 하는 동안, 방문객은 자기와 앉아서 대화하는 상대가 바로 메흐메드 알리라는 것을 알고 놀라게 된다. 방문객들이 남긴 수많은 기록을 보면, 그들은 한결같이 파샤의 얼굴을 똑똑히 볼 수 없었으며 또한 샹들리에가 '약간의 빛'을 더할 뿐이었다고 증언하고 있다.

여행객들의 기록에서 두드러지는 또 하나의 주제는, 메흐메드 알리가 방문객을 유혹하여 그들의 호기심을 자극한 후 갑자기 모습을 드러내는 방식이다. 대화 중 결정적인 순간에 메흐메드 알리는 극적으로 앞으로 몸을 내밀어 촛불이 자기 얼굴을 비추도록 했다. 그렇지 않으면 눈썹까지 내려와 있던 터번을 뒤로 밀어서 그때까지 "그늘에 가려져 사악한 표정이 있는 [것처럼 보이던]" 눈을 방문객이 잘 볼 수 있도록 했다(스코트,* 1837, I, 178~179쪽). 이러한 연출의 대단원은, 유럽 인 방문객들이 유럽 인들 특유의 자신감으로 이 신비한 인물의 정체를 알아내고야 말겠다는 기대를 하고 있다가 사실은 파샤의 꿰뚫어 보는 듯한 눈에 의해 자신이 분석당하고 있었다는 것을 갑작스럽게 깨달으면서 완전히 기습당하는 것이다. 1820년대에 그가 이미 '이집트의 신비 중 하나'로 알려

---

* Charles Rochefort Scott(1790~1872). 지중해 지역에서 주로 활동한 영국 군인으로, 메흐메드 알리의 군사력, 재정 정책, 상업 시스템 등에 대한 책을 썼다.

진 것은 당연하다(페이튼,[*] 1863, II, 82~83쪽).

우리는 이제 메흐메드 알리가 어떻게 그렇게 성공적으로 자신과 자신의 육신을 권력과 공포의 기운을 내뿜는 신비의 베일로 감쌀 수 있었는지, 그리고 많은 방문객에게 부하들로 가득 찬 그의 궁전들과 이집트 전체가 뭔가 본질적으로 메흐메드 알리라는 존재와 연결되어 있으며 항상 따라다니며 경계하는 눈에 감시당하고 있다고 느끼게 할 수 있었는지 알 수 있다. 마흔 살이 넘어서야 읽고 쓸 줄 알게 된 메흐메드 알리는 방문객들에게 자신에게는 책을 읽는 습관이 없다는 것을 계속 상기시켰다. "내가 읽는 유일한 책은 사람의 얼굴이고, 나는 그걸 잘못 읽는 일이 드물어요."라고 경고하고는 했다(머레이, 1898, 4쪽). 사람의 영혼을 꿰뚫어 보고 자기 신민들만이 아니라 방문객까지도 위협할 수 있는 메흐메드 알리의 놀라운 능력에 대해 언급하면서 영국의 총영사 헨리 솔트Henry Salt는 1817년 다음과 같이 썼다.

이집트에선 모든 것이 평온하다. 사실 [중앙 성채에서는] 모든 것이 잠잠해졌다. 파샤 그 자신과 그의 매우 충실한 지지자 키야 베이[즉, 메흐메드 라즈올루]는 모든 일을 세심한 주의를 기울여 직접 조사하므로 음모가 쉽게 교란되고 체제에 대한 저항은 엄청나게 위험한 일이 되는 것이다. (영국 국립 문서고, 1817)

---

[*] A. A. Paton은 이집트와 시리아를 1839~1846년 사이에 여행하면서 자료를 수집했다. 그는 오리엔탈리스트의 도움을 받아 아랍의 고전 및 역사서를 이용하여 자신의 책을 집필했다.

비록 메흐메드 알리가 그의 관료와 신민들에게 자신이 동시에 여러 곳에 있을 수 있다는 인식을 심으려 했을 수도 있지만, 결국 그도 별 수 없는 인간에 불과했다. 메흐메드 알리는 자신의 '현존'을 영구화하기 위해 디완에서 자리를 잡기만 하면 편지를 불러 주는 버릇이 있었다. 이 디완은 '마이야 알 사니야Ma'iyya al-Saniyya' 혹은 말 뜻 그대로 '높으신 측근들'이라고 불리었다. 다양한 방문객을 만나고 나서, 보좌관들이 자신에게 전해 준 다양한 보고서들을 읽으면서, 그리고 매일 받게 되는 많은 청원에 대한 답을 주면서 그는 자신이 받은 모든 정보에 대한 대답을 읊기 시작했다. 이러한 문답과 메모가 이집트 국립 문서고에 각각 수천 통 보존되어 있는데, ('마이야'는 그중에서도 가장 자주 읽히는 문서 분류이다.) 이것은 모두 파샤의 성격을 담고 있으며, 그 문서들에서 뿜어져 나오는 진노에 차고 위협적인 말투는 파샤의 현존을 그의 영토 전체에 퍼뜨리기 위한 것이었다.

그의 현존을 확고하게 만들기 위해 상황을 치밀하게 조작했던 방법과 이집트 전역에 걸쳐 성공적으로 권력을 장악한 상황을 보면, 메흐메드 알리의 말은 문서 형식이건 구두이건, 더욱이 그의 바람마저도 그야말로 곧 법이었다. 1830년대의 어느 영국인 여행객은 다음과 같이 말했다. "이집트의 이해관계가 통치자의 이해관계와 완전히 등치되어서 이집트의 정부, 상업, 정책에 대해서 말하는 것은 모함메드(원문대로) 알리의 성격에 대해 말하는 것이었다. 또 그는 자기만큼 전제적인 어느 권력자의 말을 그 자신에게 적절히 적용할 수 있었을 것이다. '이집트는 바로 나다.'라고."(스코트, 1837, 102~103쪽)

5

확대되는 지평

설령 메흐메드 알리의 이집트 총독으로서의 임기가 1821년에 끝났다고 해도, 이 16년간의 통치는 그 이전의 어떤 오스만 총독보다도 긴 것이었다. 그리고 그가 이루어 낸 엄청난 변화와 이집트 사회 전체에 끼친 영향, 특히 이집트 전역의 보통 사람들의 삶에까지 미친 통제력은 미증유의 일이라 할 정도로 대단했다. 거기에 이집트가 오스만 제국 내에서 차지하는 위치도 아라비아에서 거둔 성공으로 크게 향상되었다.

그러나 메흐메드 알리는 약 30년은 더 살 운명이었고, 통치 후반부에는 경제, 행정, 사회 전반에 걸쳐 더욱더 많은 변화를 일으켰기 때문에, 그 이전에 이룬 중요한 성취들이 빛이 바랠 지경이었다. 통치 후반기에는 파샤가 십 수년에 걸쳐 완성한 행정 조직이 더욱더 확고해졌고 지배권은 그 이전의 어떤 이집트 정부도 감히 침투하지 못했던 지역에까지

106

뻗쳤다. 이집트 인들의 일상생활이 바로 이 새로운 행정 조직에 의해 점점 더 다면적으로 감시되고 통제되고 조종되었다. 동시에 강력한 육군과 해군을 비롯하여 새로운 기관, 학교, 병원, 공장—모두 이 새로운 행정 조직과 연관되었다—이 이집트 사회의 면면을 극단적으로 변화시켰다. 이 모든 것이 작용하여 주민과 정부의 관계를 철저하게 변화시켰다. 1810년대에 파샤의 영향권은 아라비아 동부 지역까지 팽창되었고, 1820년대에는 남쪽의 수단과 북쪽의 크레타 섬, 남부 그리스의 모레아 Morea(즉 그리스 본토 남단의 펠레폰네소스 반도)에까지 확대되었다. 그리고 비록 메흐메드 알리와 술탄 사이에 심각한 충돌이 벌어지지는 않았지만, 정면 대결의 불길한 조짐이 점점 더 가시화되고 있었다.

운 좋은 한 해

그의 긴 통치 기간의 한가운데쯤이던 이슬람력 1237년(서기 1821~1822년)은 메흐메드 알리의 인생에서 중요한 해였다. 그 자신도 그것을 알았다. 1827년 영국 영사와의 면담에서 그는 "나는 지금까지 22년간 파샤로 있었는데, 지난 6년간 [즉 1821~1822년 이후] 그전보다 훨씬 더 많은 일을 했소. …… 내가 만약 6~7년만 더 산다면 내 계획들을 완성하여 뭔가 중요한 변화를 이룰 수 있을 거요." 하고 말했다(영국 국립 문서고, 1827a). 1821~1822년이 중요한 이유는 메흐메드 알리의 권력을 전례가 없을 만큼 강력하게 만드는 데 큰 역할을 한, 서로 연관된 두 사건이 바로 그해에 일어났기 때문이다. 첫 번째는 특정 품종의 장섬유 면을 도입(이 면화 섬유는 적어도 1.75인치/45mm 길이였다.)하여 삼각주 지역에서 대규모로 재배한 것이었다. 이 면직물을 도입했다고 알려져 있는 루이 알렉시 쥐멜Louis Alexis Jumel은 프랑스 출신 직물 기술자로, 1817년 이집트에 왔다. 그는 당시 건설 예정이던 실을 잣고 직조하는 공장의 책임자로 파샤에게 고용되었는데, 메흐메드 알리의 친지인 마호 베이Maho Bey의 정원에서 이 새로운 종류의 면화 관목들을 보고는 1820년 내내 자기 정원에서 실험을 했다. 이 실험에 대해 알게 된 파샤는 쥐멜의 연구를 격려하면서 125,000피아스터*를 선불해 주었고, 1821년 수확에 성공하자 이 새 면화를 대규모로 재배하라는 명령을 내렸다. 쥐멜(혹은 마호) 면화라고 알려지게 된 이 면화는 유럽 시장에서 큰 인기를 얻었는데, 영국 랭커셔Lancashire에 있는 공장들의 최신 기계로만 높은 품질을 지닌 이 면화를 제대로 다룰 수 있었다. 확고한 독점 정책을 시행하고 있던 메흐메드 알리만이 유럽 회사들에 이 인기 상품을 대줄 수 있는 유일한 통로였기에 파샤의 소득은 기하급수적으로 늘었고, 풍년인 해에는 면화를 수출하여 얻은 이윤이 그의 전체 소득에서 4분의 1에서 3분의 1이나 되었다.

메흐메드 알리가 도입한 다른 혁신들과 마찬가지로, 장섬유 면을 도입하는 데에도 막대한 사회적 비용이 들었다. 과거에는 대부분의 경작

---

* 오스만 제국에서 구루쉬gurush라고 불렸던 17세기 이후 오스만 화폐의 주요 단위. 원래 피아스터piastre란 베네치아 인들이 에스파냐의 8레알 은화를 지칭한 것인데, 오스만 제국에서 나온 비슷한 크기와 가치의 은화를 같은 말로 부르게 된 것이다.

지에서 겨울 작물만 재배하여 여름에는 휴경하곤 했다. 그러나 봄에 심고 가을에 거두는 장섬유 면을 도입하면서 농민들은 일 년 내내 노동을 해야만 했고, 많은 여성과 어린이 또한 이 새 작물의 경작에, 특히 수확에 동원되었다. 농민들은 또한 기존의 관개 수로를 청소하고 새 수로를 파는 부역에 동원되었다. 쥐멜 면화가 도입된 직후에는 농민들에게 노력한 만큼의 대가를 제대로 보상한 듯하지만, 장기적으로 보면 파샤의 이 새 작물 돌려짓기 정책은 강제적으로 실행된 것이었다. 엄격한 규율에 따른 강제적인 면화 경작을 거부하는 자들에게는 가혹한 조치가 취해졌다. 예컨대 감히 면화를 뽑아 버린 자들은 무기 징역에 처해졌고, 경작 노동, 세금 납부, 부역 혹은 기타 많은 정부의 요구 중 어느 하나라도 피하려고 마을에서 도망친 자들은 체포되어 마을로 돌려보내졌다.

 장섬유 면의 도입이 비록 사회적 비용은 막대했지만 파샤의 수입을 거대하게 만들어 준 운 좋은 변화였다면, 1821~1822년에 일어난 두 번째의 주요 변화는 안정적인 군사력을 확보하기 위한 기나긴 시행착오 과정의 절정이었다. 군사력을 강화하기 위한 노력은 포르트The Sublime Porte*와의 관계가 어떻게 될지 모른다는 파샤의 오래된 불안감에서 비롯한 것이었다. 1822년 2월에 메흐메드 알리가 자신의 영토와 형성된 지 얼마 안 되는 가문家門 정부를 지키는 데 가장 핵심적인 새로운 상비군에 이집트 인들을 징집하여 복무시킨다는 운명적인 결정을 함으로써

---

* 당시 오스만 제국 정부의 별칭. 바브 알리Bāb-ı 'Ālī는 이스탄불의 중앙 관청 입구에 있던 문의 이름인데, 이것이 프랑스어에서 La sublime porte로 번역되면서 서구에서는 이 별칭으로 오스만 중앙 정부를 부르게 되었다. 흔히 줄여서 '포르트Porte'라고 한다.

마침내 자신의 오랜 바람을 이룰 수 있게 되었다. 그 이전의 두 번에 걸친 시도—첫 번째는 알바니아 출신의 군인들을 유럽식으로 훈련시키는 것, 두 번째는 수단에서 노예를 잡아다가 충원하는 것—가 실패한 후, 메흐메드 알리는 상이집트의 지방관들에게 4,000명의 농부를 모아 아스완Aswan에 만들어진 특별 훈련소에 보내라고 명령함으로써 엄청난 도박을 한 것이다. 당초에는, 징집된 농민들은 3년 동안만 복무하고 그 기간이 지나면 군에서 복무했다는 소인이 찍힌 증명서를 받을 것이며 게다가 토지세를 평생 면제받는다고 정했었다. 그러나 실제로는 징집병들은 종종 평생 군 복무를 해야만 했다.

이 징집병들의 훈련은 파샤의 충실한 제2인자로 새로이 '군 감독관 cihadiye nazırı'으로 승진한 메흐메드 라즈올루가 맡았다. 세브Sève라는 프랑스 인 장교가 라즈올루를 보좌했는데, 세브는 자신이 나폴레옹군의 대령이었고 나폴레옹과 함께 워털루 전투에서 싸웠다고 주장했다. 그는 후에 이슬람으로 개종하여 쉴레이만Süleyman이라는 이름을 갖게 되었고 모든 부대, 사병, 장교의 훈련을 담당했다. 메흐메드 알리는 장교 집단의 핵심을 오스만 제국 특유의 방식으로 주로 그루지야와 체르케스 출신인 자신의 옛 백인 노예들로 구성하기로 결정했다. 따라서 메흐메드 알리의 노예 500명가량과 아들 이브라힘 파샤의 노예 300명이 쉴레이만 베이(나중에는 쉴레이만 파샤)의 지도하에 역시 아스완에 있던 특별 훈련소에서 훈련받았다.

메흐메드 알리는 이전 총독들의 경험으로부터, 특히 휘스레우 파샤의 경험으로부터 확실하게 교훈을 얻었다. 휘스레우 파샤는 유럽식으

110

로 군대를 훈련시키려 했으나, 새로 징집된 자들이 엄격한 훈련에 저항하고 봉급이 체불되면 불평하고 카이로 시장의 빈민들과 어울려 도시 치안을 심각하게 위협함으로써 좌절한 적이 있다. 그러한 상황이 생기는 것을 막기 위해 메흐메드 알리는 새로운 징집병들을 영토의 최남단에 있는 보안이 철저한 캠프에서 훈련시켰으며, 새 징집병들과 일반 주민들이 서로 어울리지 못하도록 못을 박았다. 동시에 지방관들에게는 이 많은 군사에게 충분한 음식을 제공하도록 명했다. 또 한 가지 의미 있는 일은 이들에게 특별히 주문 제작한 제복을 제공하기로 결정한 것이었다.

요컨대 우리는 여기에서 파샤의 이전 전투 병력과 세 가지 중요한 측면에서 근본적으로 다른 '근대적' 군대의 탄생을 보게 된다. 첫 번째는 이들이 특정 전쟁이 끝나면 해산하는 것이 아닌 상비군의 개념이었다는 점이다. 두 번째는 이렇게 기획된 군대가 자체적으로 식량을 조달하지 않고 봉급, 식량, 제복을 정부로부터 받았다는 점이다. 세 번째로 무엇보다도 중요한 점은, 이 군의 병사를 아랍어를 쓰는 이집트 농민 가운데서 충원한 것으로 이는 군사를 보유했던 수천 년 동안 처음 있는 일이었다.

이 군대는 10년 동안 엄청나게 성장하여 13만 명이라는 놀라운 숫자에 달하게 된다. 인구가 500만 명 정도인데 군인이 13만 명이면 총인구의 약 2.6%로, 이는 군인의 비중이 대단히 높다는 뜻이다. 비록 군을 창설한 것이 징집병들의 가족과 이집트 촌락 사회 전체에 깊은 충격을 주었지만, 메흐메드 알리의 긴 통치 후반부에 그를 유명하게 만든 것은 군대를 유지하는 데 필요한 지원 기관의 증가였다. 이 시기에 이집트에서 만들어진 많은 학교, 병원, 공장은 군을 지원하기 위한 것이었고, 이집트의 행정적 하부 구조가 확대된 것 역시 파샤가 군대를 창설했기 때문이라고 말할 수 있다. 그러나 군이 그 가치를 증명해 보이기 전까지, 당분간 군대의 의미는 군대가 창설되면서 발생하는 엄청난 안보적 위험성에 가려져 드러나지 않는다. 메흐메드 알리는 아랍어를 사용하는 농민들을 병사로 징집하고 투르크어를 사용하는 엘리트 가운데서 장교를 충원하면, 이러한 안보적 위협을 줄일 수 있으리라고 생각했을지도 모른다. 그는 다음과 같이 말한 적이 있다고 한다. "나는 영국인이 인도에서 한 일과 같은 일을 이집트에서 한 것이다. 그들은 인도인으로 이루어졌지만 영국인 장교에 의해 통제되는 군을 가졌고, 나는 아랍 인으로 구성되었으되 투르크 인 장교들이 다스리는 군이 있다. …… 투르크 인은 그 자신이 다스릴 특권이 있음을 알기 때문에 더 좋은 장교가 되는 한편, 아랍 인들은 투르크 인들이 그 점에서 자기들보다 낫다고 생각한다."(두앵, 1927, 110~111쪽) 당시는 파샤의 정책에 대한 분노가 정점에 달하던 시기로, 이러한 종족적 분업은 농민들을 그들이 사는 곳에서 소집하여 무장시키는 데 따르는 위험을 최소화하기 위한 것이었다. 메흐메드 알리의 통치가 16년간 지속되면서 이집트 농민들은 파샤의 정책들이 지나치게 억압적이라고 느꼈고 점점 더 불만이 커지고 있었다. 농민들을 파샤의 군대에 징집한다는 정책은, 농민들이 파샤가 사리사욕을 채우기 위해 자신들을 부역시킨다고 느끼게끔 만드는 여러 조치가 있은 후에 내려진 결정이었다. 토지에 대한 중과세, 광역적으로 하부 구조를 구축하기 위해 동원되는 점점 더 길고도 잔혹해지는 부역 노동, 그리고 자기가 경작한 산물들을 소비할 수 없도록 하는 엄격한 독점 정책에 이어 시행된 징병제는 농민들로서는 더 이상 참을 수 없는 것이었다.

삼각주 지역의 지방관들에게 징병 명령이 내려오고 나서 얼마 지나지 않아, 1823년 4월과 5월에 대규모 봉기가 일어났고 많은 지역에서 농민들이 납세를 거부했다. 메흐메드 알리는 이러한 도전을 특유의 즉각적이고도 결단력 있는 방식으로 처리했다. 그는 최고위층 장군들을 자신의 궁에서 열린 '전쟁 회의'에 소집하고는, 여섯 대의 야포로 무장하고 친히 반란이 일어난 촌락으로 진군했다. 일주일도 안 되어 반란은 진압되었다.

1년 후인 1824년 4월에 상이집트에서 더 큰 규모의 반란이 일어나 곧 쿠스Qus와 이스나Isna 사이의 모든 촌락과 도시로 번졌다. 3만 명에 달하는 남녀가 이 새로운 반란에 참여했는데, 이 반란은 샤이크 아흐메드Ahmed로 알려진 카리스마적 지도자가 이끌었다. 그는 자신을 오랜 기다림 끝에 나타난 구세주mahdi라고 칭하고 메흐메드 알리를 불신자*라고 규정하면서 추종자들에게 파샤의 지방 관원들을 공격하라고 촉구했다. 대규모 약탈과 방화가 이어졌고, 수많은 도시에서 농민들이 지방 관리들의 주거지를 습격했고, 공공건물에 불을 질렀으며, 어떤 경우에는 파샤의 관리들을 포로로 잡기도 했다.

이는 메흐메드 알리의 권위에 대한 가장 심각한 도전으로, 이 반란을

---

* 무슬림들 사이에서는 불신자라는 비난은 매우 심각한 것이다. 매우 부도덕한 자에 대해 무슬림이 아니라고 비난하는 의미를 지닌다.

처리하기 위해서는 엄청난 승부수를 던져야 했다. 만일 새로 훈련받은 징집병들이 자기네 마을에 일어난 반란을 진압하는 데 투입된다면, 이는 군인들이 반란자들과 힘을 합침으로써 농민 반란이 군사 반란으로 바뀔 수도 있는 상황이었다. 아니나 다를까 새로 징집된 군인들 가운데 700명 이상이 반란에 가담함으로써 파샤가 예상했던 최악의 공포가 현실이 되었다. 그러나 메흐메드 알리는 물러서지 않았다. 그는 투르크어를 사용하는 장군들에게 농민 반란자들과 군 반란자들을 모두 인정사정없이 처리하라고 엄한 명령을 내렸다. 이러한 명령을 받고 새로 임명된 장군들은 군사 관련 법규는 제쳐 두고 반란에 가담한 부대들의 십분의 일을 처형했다. 군인들을 일렬로 세운 뒤에 열 번째 사람마다 총살한 것이다. 더욱이 새로 임명된 45명의 장교가 자기 부하들 앞에서 처형되었다. 그리고 근대적 전투를 하는 군대의 모든 무력이 시골 마을 사람들에게 무자비하게 발휘되었다. 농민들과 군인들 사이에 이어진 격전 속에서 3,000명 이상의 농민들이 사망했다. 주목할 만한 사례 하나를 보자. 어느 병사가 고향 마을 사람들과 교전하도록 명령을 받았는데, 운이 나쁘게도 그는 반란에 가담한 아버지와 마주치게 되었다. 아버지가 항복하지 않자 그는 총을 쏘아 아버지를 죽이고 말았다. 이 이야기가 카이로의 메흐메드 알리에게까지 알려지게 되었고, 메흐메드 알리는 그 병사를 승진시키라는 명령을 내렸다.

민중 반란에 대한 잔인한 진압은 농민들에게 반란이 가능한 선택이 아니라는 것을 분명히 알려 주었다. 그러나 농민들은 얼마 지나지 않아 파샤의 군대에서 복무하는 것을 피하기 위해 보다 개인적인 전략을 사용하기 시작했다. 한 가지 방법은 징집 담당자들이 온다는 소식을 듣자마자 마을을 떠나는 것이었다. 외국인 방문객들은 "정적에 묻혀 있는…… 가난한 주민의 집들이…… 화재로 그을리지도 않았고 전쟁으로 파괴되지도 않아 여전히 남아 있지만 주민들이 [파샤의 부하들을 피하기 위해] 집단적으로 집을 버리고 고향을 버리고 떠나 아무도 없는"(매든, 1841, 41~42쪽) 마을들에 대해 반복적으로 언급했다. 정부는 이 현상을 종전에 납세, 부역, 면화 재배 노동을 기피하기 위해 감히 마을을 떠난 자들을 처리한 방식과 똑같이 통제하려고 했다. 즉 농민들은 한 마을에서 다른 마을로 이동하는 데 허가를 얻어야 했다. 베두인 족 족장들뿐 아니라 촌락민에게도 자기 토지를 지나가는 자들을 경계하라는 명령이 내려왔다. 그리고 도피자를 숨겨 준 자들은 엄한 처벌을 받았다. 농민들이 채택한 또 다른 전략은 징집된 후에 군부대에서 탈영하는 것이었다. 붙잡힌 탈영병에게 가해진 심한 구타에도 불구하고 탈영은 거의 전염병 수준으로 퍼졌다. 1837년에 행해진 조사에서는 해군에서 탈영한 2만 명은 별도로 치고도 육군 탈영병의 수를 6만 명으로 잡고 있다. 당시의 육군 규모가 13만 명을 넘을 수 없었다는 것을 고려하면, 이것은 징집된 사람들 가운데 둘 중에 한 명은 도망치는 데 성공했다는 이야기이다. 가장 비극적인 사례로, 신체 조건상 군복무에 적절하지 않다는 평가를 받으려고 스스로를 불구로 만들어 군복무를 피하려 했던 사람들을 들 수 있다. 자기를 불구로 만드는 방법으로는 쥐약을 눈에 넣어 일시적인 시각 장애를 일으키는 것, 방아쇠를 당기지 못하게 검지를 잘라 버리는 것, 총을 장전하지 못하도록 앞니를 뽑는 것 등이 있었다. 메흐메드 알리는 이러한 비극적인 저항 행위에 그 특유의 결단력으로 대응했다. 스스로 불구가 된 자는 징집을 면할 수 없었고, 곧 불구자와 부상자만으로 구성된 대대를 만들라는 명령이 떨어졌다.

그리스 전쟁

파샤의 부하들이 지방 반란을 진압하는 데 사용한 잔인한 전략, 메흐메드 라즈올루가 새로 징집된 병사들에게 강제한 엄중한 기율, 쉴레이만 베이가 만든 엄격한 훈련 프로그램, 그리고 무엇보다도 메흐메드 알리의 흔들리지 않는 결심이 새로운 징병 정책에 대한 격렬한 저항을 극복할 수 있었던 요인이었다. 파샤와 그의 정책에 대한 깊은 분노가 만연한 시대에 농민을 무장시킨다는 도박은 성공한 것으로 보인다. 더욱이 병사들과는 종족적으로나 언어적으로 다른 장교들을 배치하여 잘 훈련되고 믿을 만한 전투 기계를 만들어 낼 수 있었다. 1823~1824년에 일어난 지방 반란의 첫 번째 물결을 성공적으로 진압한 후 파샤는 징병을 빨리 진행하는 데 대한 망설임을 떨쳐 낼 수 있었다. 그 망설임은 무엇보다도 징병 때문에 필요한 인력을 빼앗긴 농업 부문에서 생산력이 떨어질지도 모른다는 두려움에 입각한 것이었다. 그리하여 신체 건강한 남자들을 촌락에서 찾을 수 있는 한 최대한으로 모으라는 명령이 지방관들에게 떨어졌다.

이 군대들이 기초 훈련을 마치고 초기의 반란들을 진압하는 실전을 치르자마자, 이스탄불로부터 이 군대를 새롭고도 위험한 목적지로 보내라는 명령이 내려왔다. 1821년 3월 오스만 술탄의 그리스계 백성들이 오스만 제국으로부터의 완전한 독립이라는 거대한 꿈을 목표로 큰 반란을 일으켰다. 이는 술탄 마흐무드에게는 최악의 시점에 일어난 사건이었으니, 군대의 상당수를 페르시아와의 전투를 위해 동방 전선에 보내 놓은 상황이었다. 더욱이 이 젊고 정력적인 술탄은, 메흐메드 알리에게 반란을 진압하는 것을 도와 달라고 요청함으로써 1808년 즉위 후 유력한 지방 세력들을 복속시키고 이스탄불 중앙 정부의 지방에 대한 통제를 강화해 온 자신의 정책을 바꿔야 하는 상황에 놓였다. 선대 왕 술탄 셀림 3세가 15년 전에 그랬던 것처럼, 술탄 마흐무드는 한 지방을 평정하려다가 엉뚱하게 다른 지방의 총독의 힘을 키우게 된다는 점을 알면서도 어쩔 수가 없었다.

메흐메드 알리는 그 나름대로 자신의 영역 안에서 그전보다 안전함을 느끼고 있었고 새롭게 구성된 군대에 자신이 있었으므로 그다지 뜸 들이지 않고 군주의 요구에 응했다. 그는 이스탄불로부터 아들 이브라힘 파샤를 모레아의 총독으로 임명한다는 내용의 피르만을 받아 들고는, 훈련되고 검증된 군대를 이용하여 제국 내에서 자신의 평판을 더욱 드높일 기회를 꽉 잡았다. 1824년 7월 6개월간의 준비 기간을 거쳐 메흐메드 알리는 대함대를 조직했고, 그동안에 보병 17,000명과 기병 700명 규모로 새로 결성된 군대가 이브라힘 파샤의 지휘하에 출정했다. 몇 개월 동안 항해를 방해하는 그리스의 화공선火攻船들에 추격당했지만, 이브라힘은 1825년 2월에 그리스 본토에 상륙하는 데 성공했다. 그는 즉시 그리스 인들에 맞서 군대를 야전野戰에 배치했고, 반복되는 군사적 대결에서 그리스 인들에게 심각한 패배를 안겼다. 그는 곧바로 도시들을 하나씩 하나씩 정복하기 시작하여 1827년 6월 5일 아테네마저 함락시켰다. 메흐메드 알리의 새 군대가 생각했던 것보다 훨씬 성공적이라는 것이 확연해졌다. 이집트에 있는 동안 미리 전문적인 훈련을 마쳤으며, 현지 사령관인 이브라힘이 군사 지도자로서 뛰어난 능력을 지녔고, 메흐메드 알리가 군대에 보급을 원활히 하여 병사들을 잘 먹이고 입힐 수 있을 정도로 관리 및 병참의 세부 상황까지 꿰뚫고 있었던 것이 전장에서 승리할 수 있었던 배경이었음이 분명하게 드러났다.

그러나 이와 같은 눈부신 성공에도 불구하고 메흐메드 알리는 펠로폰네소스Peloponnesos에서 전쟁을 수행하는 데 있어 걱정이 많았다. 우선 그처럼 큰 규모의 군대를 유지하는 것은 재정적으로 매우 부담이 되는 일이었는데, 특히 1825년에 나일 강의 수위가 매우 낮아지면서 그해와 그다음 해의 농사를 망친 것이 큰 타격을 주었다. 더욱이 군대를 충원하기 위해 장정들을 지속적으로 동원하는 바람에 이 2년간의 면화 수확이 평년작에 미치지 못했으며, 이는 재정에 더 큰 압박이 되었다.

유럽 열강이 개입하다

그리스 분쟁에 유럽 열강이 개입하기 시작한 것도 역시 불안 요소였다. 갈등이 시작될 때에는 그리스 반란자들의 움직임에 별로 관심이 없던 유럽 열강은, 술탄이 그들을 신속하게 처리할 능력이 없다는 것이 확실해지면서 입장을 바꾸었다. 러시아의 차르는 비록 그리스 혁명의 이상에는 그다지 공감하지 않았지만 그들의 대의명분에는 점점 호의를 갖게 되었다. 영국, 프랑스, 오스트리아 같은 다른 열강들은 이 분쟁이 러시아와 오스만 제국 사이의 전쟁으로 비화하지 않기를 바랐으니, 전쟁에서 오스만 측이 패배할 경우 러시아가 오스만 영토를 침범하여 남진할 것이 불을 보듯 뻔했기 때문이다. 그러나 시간이 지나면서 무엇이 가장 이득일지를 따져 본 영국은 입장을 바꾸어 러시아와 손을 잡고는 오스만 측에 그리스 인들에게 술탄의 종주권하에서 제한적 자치를 허용하라고 압력을 넣게 되었다.

메흐메드 알리가 그리스 전쟁에 뛰어들자마자 알렉산드리아의 궁으로 수많은 유럽 정치인이 찾아왔고, 차츰 메흐메드 알리는 유럽 외교의 움직임을 알게 되었다. 그는 특유의 영리함으로 유럽 정치인들이 갖고 있던 우려를 상당 부분 무마할 수 있었고 분쟁이 빨리 해결되기를 희망한다고 말했다. 이 긴장감 넘치는 수개월 동안 파샤를 방문한 사람들이 남긴 많은 기록을 보면, 파샤가 국제 문제로 인해 집중 조명을 받는 것을 무척 즐겼음을 알 수 있다. 그러나 한편으로 이제는 자신이 단순히 오스만 국내 문제에만 관련된 것이 아님을 깨달았다. 왜냐하면 이 사건을 포르트에서는 술탄의 그리스 백성들이 일으킨 국내적인 불복종 사건으로 보고 있는 반면, 유럽에서는 기독교인 피지배민들이 투르크 압제자들에 대항해 봉기한 민족 독립 전쟁이라고 간주하고 있었기 때문이다. 파샤를 찾아온 유럽 인들은 유럽의 여론이 변하고 있어 그리스 반란자들을 원조하는 군사 행동을 할 수도 있다고 넌지시 알려 주었다. 메흐메드 알리는 유럽, 특히 영국과 프랑스와 광범위한 상업적 거래를 하고 있었기 때문에 유럽과의 군사적 대결은 원하는 일도 아니었고 감당할 수 있는 일도 아니었다.

휘스레우가 다시 등장하다

무엇보다도 메흐메드 알리는 그의 오랜 적수인 휘스레우 파샤 역시 그리스 반란군과의 싸움에 깊이 관여하고 있다는 데 경각심을 느꼈다. 이집트에서 떠난 후 휘스레우는 고위직을 차례차례 맡았다. 보스니아 총독으로 있던 1806년에는 세르비아 반란을 평정하는 데 성공했다. 또 동아나톨리아 에르주룸Erzurum의 총독으로서 1818년 쿠르드 족 반란을 처리하는 임무를 맡기도 했다. 그리스 반란이 일어나자 술탄은 1822년 12월 휘스레우를 오스만 해군의 대제독이라는 권위 있는 지위에 임명했고, 서로 협조하라는 명령이 그와 메흐메드 알리에게 내려왔다. 예상대로 메흐메드 알리는 오랜 적수와는 일할 수 없다는 단호한 입장이었다. 그는 이스탄불에 휘스레우의 행동에 대해 불평하며 오스만-이집트 해군의 공동 지휘권을 그로부터 박탈해야 하며 자기 아들이 군사 작전을 자유롭게 수행할 수 있게 해줘야 한다는 내용의 편지를 여러 번 보냈다.

휘스레우를 해임해 달라는 계속된 간청이 주의를 끌지 못하자 메흐메드 알리는 결국 위협을 하기 시작했다. 제국 내에서 자신이 얼마나 중요해졌고 술탄이 자기에게 얼마나 의존하고 있는지를 잘 알고 있던 메흐메드 알리는, 만약 휘스레우의 해군 지휘권을 박탈하지 않으면 자기 아들에게 그리스 반란 진압 활동을 그만두라고 하겠다고 이스탄불에 편지를 썼다. 2주 후에 오스만 정부는 휘스레우를 마지못해 직위 해제했으니, 이로써 메흐메드 알리는 오랜 라이벌과의 대결에서 다시 한 번 승리하게 되었다. 그러나 휘스레우에게 거둔 이 작은 승리를 기뻐할 사이도 없이, 메흐메드 알리는 휘스레우가 1827년 5월 또 하나의 중요하고도 위협적인 새 직책, 즉 술탄 마흐무드가 만든 신군新軍*의 총사령관으로 임명되었다는 소식을 들었다.

"경사스런 사건"

1826년 6월 14일 밤 오스만 제국의 아주 오래된 군부대, 즉 예니체리들은 술탄 마흐무드가 군을 개혁할 것이고 이 개혁이 자신들에게 불리하게 작용하리라는 것을 알게 되자 반란의 개시를 알리는 특유의 표현으로 가마솥을 뒤엎었다.** 19년 전에도 예니체리들은 비슷한 개혁을 시도

---

* 예니체리 폐지 후 만들어진 이 새로운 군대의 공식 명칭은 '무함마드의 승리하는 군대 Asākir-i Mansūre-yi Muhammadiye'였는데, 셀림 3세 시대에 보수파의 경각심을 일으킨 신군의 명칭, '새로운 질서Nizam-ı Cedīd'와는 달리 이름만큼은 보수적이고 종교적인 느낌을 주고 있음이 주목할 만하다.
** 예니체리의 가마솥 뒤엎기는 술탄과의 군신 관계를 술탄이 주는 음식을 일시적으로 받지 않음으로써 유보한다는 상징으로, 수 세기 동안 정치적 요구를 하는 반란의 신호탄 역할을 했다.

한 술탄 셀림 3세에 대항하여 반란을 일으켰었고, 결국 셀림 3세를 폐위한 후 시해하여 개혁 프로그램이 더 이상 진행되지 못하게 했다. 그러나 이번에는 술탄 마흐무드가 선대 왕의 실수로부터 교훈을 얻었음이 확실했다. 또 1811년 메흐메드 알리가 성공적으로 맘루크들을 제거한 사건에서 필요한 경우 반란자들을 학살할 수도 있다는 영감을 얻었으리라는 것도 매우 그럴 법한 이야기다. 왜냐하면 반란을 선언하자마자 예니체리들은 자신들의 병영에서 포위당했고, 충성스러운 포병 대대들에는 반란자들에게 포화를 퍼부으라는 명령이 내려졌기 때문이다. 곧 병영 전체에 불이 붙었고 겨우 도망쳐 나온 자들은 그 자리에서 살해되었다. 경사스런 사건Vak'a-i Hayriye이라고 알려지게 된 이 사건에서 약 6,000명의 예니체리들이 학살되었다. 이로써 오스만 술탄은 강력한 이집트 총독이 15년 전에 해낸 것을 마침내 실행할 수 있었고 모든 개혁 시도에 반대해 온 군의 구세력을 일거에 없앨 수 있었다.

메흐메드 알리는, 이제 술탄이 직속 군사력을 재건할 수 있는 자유를 얻었다는 사실과 이것이 이집트에서의 자기 지위에 어떤 위험을 끼칠 것인지 고려하면서 이 소식을 상당히 불안하게 받아들였다. 그의 오랜 숙적 휘스레우가 새 군대의 총사령관으로 임명되었다는 것은 분명히 반갑지 않은 소식이었을 것이다. 얼마 후에 그리스 전장에서 메흐메드 알리의 군대가 거둔 성공에 자극받은 대재상이 메흐메드 알리의 장교들이 새로운 오스만 군인들을 훈련시켜 주었으면 좋겠다는 요청을 해왔을 때, 파샤는 설득력 없는 핑계를 대면서 즉각 거절했다.

나바리노의 대재앙

한편 그리스에 있는 군대에는 먹구름이 드리우고 있었다. 프랑스-영국-러시아 연합 함대가 에게 해를 누비고 있었고, 메흐메드 알리에게는 이것이 아주 불길한 징조로 보였다. 수개월 동안 그는 이스탄불에 편지를 보내 유럽 여론이 변하고 있음을 경고하면서, 비록 그리스 인들에게 일종의 자치권을 준다고 하더라도 오스만 정부가 그리스 위기를 협상으로 풀어야 한다고 종용하고 있었다. 그러나 이스탄불에서는 그리스 반란은 무력으로 진압해야 한다는 주장을 도무지 굽히지 않았고, 만약 반란자들을 지지하는 것으로 밝혀지면 어느 마을이라도 예외 없이 공격하라는 엄한 명령을 이브라힘에게 내렸다. 절박해진 메흐메드 알리는 이스탄불에 있는 대리인에게 유럽 인들과의 충돌이 불가피한 상황이라고 편지를 보냈다. 그는 유럽 해군과 해상에서 대결을 벌이면 어쩔 수 없이 수천 명의 무슬림이 죽게 될 것이고, 자신은 이 죽음을 책임질 수 없다고 덧붙였다. 그는 대리인에게 오스만 정부가 타협을 받아들이도록 중재해 달라고 부탁했다. 그러나 이스탄불은 꿈쩍도 하지 않았고, 1827년 10월 20일 메흐메드 알리가 예견한 바와 같이 엄청난 재앙이 닥쳤다. 나바리노Navarino 만에서 이집트-오스만 연합 해군이 유럽 해군에 붙잡혔고, 몇 시간의 전투가 끝났을 때는 이집트-오스만 해군 전체가 파괴되어 전함들은 가라앉거나 불타고 말았다.

이는 자기 영토를 지킬 함대가 사라진 것이었으므로 메흐메드 알리에게는 엄청난 타격이었다. 그는 이 막중한 손실이 절대로 자신의 불찰 때문도 아들 이브라힘의 소홀함 때문도 아니라고 확신했다. 나바리노 해전의 실패는 직접적으로 오스만 정부의 고집불통과 특히 휘스레우의 서투른 개입 때문에 빚어진 결과라고 굳게 믿었는데, 오스만 수도의 많은 사람도 같은 생각이었다. 메흐메드 알리는 더 이상의 손실이 없기를 간절히 원했고 그리스 반란자들과 계속 싸우라는 오스만 정부의 명령을 거부했다. 그 대신 유럽 인들과 직접 협상하여 자기 아들을 그리스 본토에서 안전하게 철수시켰다.

그리스에서 대패하면서 메흐메드 알리와 이스탄불의 관계는 전환점을 맞게 된다. 이 사건을 계기로 오스만 제국 내에서 메흐메드 알리의 영향력이 얼마나 커졌는가를 알 수 있었을 뿐 아니라, 술탄을 돕는 일이 얼마나 비용이 많이 드는가를 알 수 있었기 때문이다. 비록 완전히 독립한다는 계획을 세운 것은 아니었지만 오스만 정부의 정책과 거리를 유지할 필요성은 어느 때보다 커졌다. 그리하여 이스탄불이 러시아와 전쟁(이 전쟁은 결과적으로 그리스의 완전한 독립 선언에까지 이어졌다.)을 하게 되어 다시금 도움을 청했을 때 메흐메드 알리는 딱 잘라서 거절했다.

아들에게 보낸 편지를 보면, 메흐메드 알리는 제국 내에서 자신의 지위가 불안정해진 것을 오랜 숙적 휘스레우 탓으로 돌리고 있다. 그러나 그는 오스만 정부와 자신 사이에 빚어진 긴장이 휘스레우와의 개인적 갈등보다 훨씬 심각하다는 것을 알고 있었다. 메흐메드 알리가 이집트 내에서 시행한 정책들 덕분에 카이로는 이스탄불에 비견할 만한 군사, 경제, 외교 권력의 중심지로 성장할 수 있었다. 이는 중앙 집권화와 개혁을 목표로 하는 술탄 마흐무드의 열정적인 노력과 본질적으로 대립하는 것으로, 메흐메드 알리는 이 점을 잘 알고 있었다. 더욱이 술탄 마흐무드가 메흐메드 알리로 하여금 자신을 도와 와하비와 그리스 반란군을 상대로 싸우게 한 것은, 지방의 자율성을 줄이고 전 영토 안에서 중앙 정부의 권위를 키우려는 술탄의 원대한 계획의 일부였다. 1814년에서 1820년까지 마흐무드는 트라키아Thracia, 마케도니아, 다뉴브Danube 강 연안, 그리고 왈라키아Walachia(지금의 루마니아의 한 지방)에서 세습화된 지방 세력들을 제거했다. 아나톨리아의 유력자들도 발칸 반도의 유력자들과 비슷한 운명을 맞았다. 가장 두려운 본보기는 야니나Yanina*의 알리Ali 파샤였다. 그는 알바니아에 권력 기반을 세우고 소규모로 자신의 군대를 형성했으나 곧 자기 성에서 오스만군에 포위당했다. 그의 목은 베어 이스탄불로 보내졌고 술탄의 궁 밖에 전시되었다(1822년 2월). 이렇듯 독립적인 행보의 대가로 심하게 처벌받는 지방 유력자 가문이 많았고, 비록 이집트 내에서의 지위는 갈수록 공고해지고 있었지만 메흐메드 알리가 여전히 미래에 대해 불안해할 이유는 충분했다.

다음을 위한 준비

메흐메드 알리는 특유의 공격적인 성품을 발휘하여, 이스탄불에서 먼저 공격해 오는 것을 기다리고 있지만은 않았다. 그리스에서의 참패 직

---

* 이오안니나Ioannina(그리스 도시)의 세르비아 이름.

후에 그는 파괴된 함대를 재건하는 데 착수했다. 그는 놀랍게도 종전처럼 유럽에서 배를 사오지 않고 이집트에서 직접 만들어 함대를 구성하겠다는 결정을 내렸다. 그리하여 프랑스 인 해군 기술자 드 스리지M. de Cerisy에게 알렉산드리아에 조선소를 만드는 거대한 과업을 맡겼다. 4년 만에 100개의 포가 장착된 첫 번째 새 전함—파샤의 이름을 땄다—이 진수되었고, 잇따라 다른 많은 전함이 만들어졌다. 파샤가 직접 전함을 건조하려고 한 것이 이번이 처음은 아니었다. 이미 1809년에 아라비아 원정을 예상하면서 카이로의 강변 부두인 불락Bulaq에 작은 선박 제조창을 만들었고, 선박 부품들을 낙타 등에 실어 운반하여 수에즈에서 조립하도록 명령했다. 그러나 알렉산드리아 조선소에 비하면 그전에 해군력을 키우려 했던 시도들은 하찮아 보인다. 알렉산드리아 조선소는 1830년대 중반에 8,000명 이상의 노동자들을 수용할 정도로 큰 규모였는데, 노동자들 대부분이 유죄 판결을 받은 죄수들이거나 부역 의무를 행하는 농민들이었다.

포르트와의 언제 일어날지 모를 군사적 대결에 대한 준비는 해군력의 증강에만 그치지 않았다. 1820년대 후반에는 파샤의 군사력과 경제력을 증대하는 데 목표를 둔 활발한 활동이 관측되었다. 예컨대 파샤는 1815~1816년에 자신이 건설한 카이로 성채의 무기 제조창 책임자에게 대포, 칼 등 군수품을 증산할 것을 명령했다. 그 결과 1820년대 중반에는 한 달에 1,600정 정도의 머스킷 총을 만들 수 있었다고 한다. 메흐메드 알리는 또한 새로운 육군의 제복, 신발, 모자를 가능하면 외국산보다는 국내산으로 지급한다는 결정을 내렸다. 그리하여 1825년에는 페즈* 공장이 건설되어 한 달에 24,000개의 모자가 생산되었다. 면화의 독점과 1816년에 세워진 실크 공장을 면방적 공장으로 전환시킨 경험에 힘입어 파샤는 30개의 직물 공장을 세우라는 명령을 내렸다. 이 공장들은 1820년대에는 12,000명에서 15,000명 사이의 노동자들을 고용했고, 몇 개의 수입된 기계를 제외한 대부분의 장비는 이집트 장인들이 제작한 것이었다. 이 공장들에 있던 제니 방적기는 (약 1,380개가 있었을 것으로 추정된다.) 축력으로 돌아갔지만, 세 개 공장에서는 영국에서 수입한 증기기관을 사용했다.

전투력을 높이기 위한 파샤의 조치들 가운데 가장 인상적인 것은, 1827년에 카이로 북동쪽 아부 자발Abu Za'bal에 대규모의 의과 대학 병원을 건설한 것이다. 수단 원정에서 잡아 온 노예들이 수없이 죽는 것을 보며 메흐메드 알리는 군에 징집된 사람들을 치료할 의료 부대를 창설해야 한다고 느꼈다. 이는 엄청난 대가를 치르고 얻은 교훈으로, 실제 전투에서보다 질병과 상처로 죽은 군사의 수가 더 많았던 그리스 원정을 통해 다시 한 번 그 필요성을 깨닫게 된다. 더욱이 어떠한 의학적인 검사도 없이 주먹구구식으로 수천 명을 모아들이는 징병 방식은 나중에 병역에 부적합한 사람을 가려내지 못하는 취약점을 드러냈다.

파샤는 이러한 경험들과 1825년 의무 부대의 책임자로 임명된 의사 앙투완 바르텔르미 클로Antoine Barthélemy Clot의 제안을 통해, 전투 병력은 전문적인 의무 부대가 돌봐야 하고 국내에서 의사를 훈련시킬 수

---

* 19세기 근대 개혁기에 신식 복장의 하나로 많이 착용했던 원통형의 모자.

있다면 외국인 의사를 고용하는 것보다 훨씬 더 싸고 효율적일 것이라고 확신하게 되었다. 결정적으로 클로는 이 새내기 의사들이 환자들과 의사소통을 할 수 있으려면 의과 대학에서는 프랑스어나 투르크어가 아닌 아랍어로 교육해야 한다고 주장했다. 클로는 또한 의학 교육은 해부학에 바탕을 두어야 하고 학생들은 인간의 시신을 해부함으로써 병리학을 배워야 한다고 강력하게 주장했다. 메흐메드 알리는 후에 클로 베이라고 알려진 이 프랑스 인의 조언을 받아들였다. 그에 따라 1827년에 카스르 알 아이니Qasr al-'Aini 대학 병원이 설립되었는데, 점차 군대뿐 아니라 민간인을 대상으로 한 의료 시설까지 포함하는 복합 의료 센터로 발전했다.

새 군대는 의료 기관 외에도 또 다른 여러 가지 기술을 필요로 했는데, 이에 따라 많은 전문화된 학교와 기술 학교가 세워졌다. 이 교육 기관들은 대부분 1830년대에 개교했으나, 메흐메드 알리는 1821~1822년 군이 창설되기 전부터 교육에 깊은 관심을 가졌다. 1811년 맘루크 지도자들을 제거하고 얼마 안 되어 메흐메드 알리는 학살 당시에 주인을 잃은 젊은 맘루크 노예병들의 주인이 되었고, 오스만 제국 특유의 방식대로 중앙 성채 안에 있는 특수 학교에서 군사 훈련을 시켰다. 1815년에는 슈브라Shubra에 있는 궁전에 젊은 이집트 인들에게 공학과 토지 측량을 가르치기 위한 학교를 세웠다. 공학 학교로 알려진 이 학교에서 학생들은 산술, 기하, 삼각법과 대수를 배웠다.

그러나 새 군대를 창설하면서 파샤의 교육에 대한 관심은 질적으로 달라졌다. 이미 언급한 바와 같이, 새로운 사관생도와 병사들을 훈련하기 위해 남부 지역에 두 개의 전문학교를 세웠다. 이 학교들의 중요성을 깨달은 메흐메드 알리는 자기의 부관을 이 중 한 곳의 책임자로 임명했고, 프랑스 인 세브 대령(쉴레이만 파샤)을 또 다른 학교의 책임자로 임명했다. 1825년에는 보병, 포병, 기병 등 여러 부문의 고급 기술 훈련이 필요한 학생들을 위해 카이로에 큰 규모의 학교가 문을 열었다. 이 기술 학교의 첫 신입생들은 약 500명이었고 그들은 주로 체르케스 인, 알바니아 인, 그리스 인, 아르메니아 인들이었다.

파샤의 교육, 의료, 산업 정책들의 진정한 의미는 1830년대 말 이후에 가서야 제대로 알 수 있다. 그러나 1820년대 말까지도 메흐메드 알리는 여전히 자신의 수입을 증대시키고 이집트 내에서의 입지를 더욱 굳건하게 할 색다르고 혁신적인 방안들을 실험해 보고 있었다. 사실 겨우 몇 년 만에 그는 나바리노에서 입은 손실을 회복했을 뿐만 아니라 새로운 해군의 건설, 징병을 통한 육군 사병의 증대, 그리고 교육, 의료, 산업 시설들을 통한 효율성 보강 등을 통해 전투력을 상당히 증강시킬 수 있었다.

1830년에 이르러 메흐메드 알리는 드디어 그토록 부러움을 사는 직책에서 자신을 내쫓으려는 오스만 정부의 어떠한 시도에도 맞설 수 있게 된다. 정말로 이제는 주도권을 쥐고 술탄의 영토인 시리아에 선제공격을 감행할 준비가 된 것이다.

마지막 대결

1830년대는 메흐메드 알리의 경력에 있어서 명백히 하나의 전환점이라 할 수 있다. 그때가 되면 그는 자신이 오스만 정계뿐만 아니라 세계 정치의 중심에 자리 잡게 되었음을 알게 된다. 이 10년간 그가 벌인 군사 활동은 이른바 '이집트 문제'라고 알려진 외교상의 위기를 촉발시켰고, 이로 인해 이집트의 국제적 지위가 달라진다. 한편 오스만 제국으로서는 탄지마트Tanzimat라 알려진 전례 없는 개혁을 시작해야만 했고, 그 결과 오스만 제국과 유럽 열강의 관계가 변화했으며 유럽 내부의 정세에도 큰 변화가 일어났다. 무엇보다도 이집트 문제는 파샤가 오스만의 술탄으로부터 이집트에서 파샤의 지위를 보장한다는 귀중한 피르만을 받아 내야만 궁극적으로 해결될 일이었다. 삼십 대 초반에 이집트에 도착하고 얼마 지나지 않아 보잘것없는 마을 깡패에서 정치인으로 탈바꿈

했던 메흐메드 알리가, 육십 대인 1830년대가 되어서는 국제 정치가로 변신한 것 또한 놀라운 자기 재창조였다.

시혜자

앞서 본 것처럼, 1820년대 내내 파샤는 가문 통치household rule를 보강하는 동시에 이집트에 대한 지배권을 강화했다. 그의 친척과 친구들은 신식 군대가 만들어지면서 새로 생긴 기관들의 수장으로서 혹은 지방관으로서 요직을 차지했다. 이 신엘리트 집단은 메흐메드 알리를 문자 그대로 시혜자veli nimet(아랍어로는 waliyy al-ni'am)라고 생각하면서 그의 안녕에 자신들의 미래를 걸었다. 또 메흐메드 알리가 세운 교육 기관에 입학한 수백의 학생들, 그리고 그들 가운데 유럽에 가서 고등 교육을 받도록 선발된 소수의 사람들이 보다 넓은 의미의 엘리트에 포함되었다. 특기할 만한 것은 메흐메드 알리의 오랜 숙적인 휘스레우 파샤 역시 비슷한 방법으로 이스탄불에서 자기 가문을 키우기 시작했다는 것이다. 노예 출신으로 친자식이 없었던 그는 예외적일 만큼 많은 수의 소년들을 데려다가 학비를 대 주면서 국립 학교에서 교육을 시켰으며, 졸업을 하면 그들을 관계의 요직에 앉히기 위해 압력을 넣는 등 자기 가문을 키우기 위해 노력했다. 따라서 메흐메드 알리의 가문 통치는 그에게만 국한된 것이라기보다는 당시 오스만 정치의 공통적인 특징이었다고 할 수 있다. 1820년대 말이 되면서 메흐메드 알리는 자신의 국내적

권력 기반이 이 넓은 오스만 제국을 통틀어서 내로라할 만하다고 느끼게 되었다. 또 비록 항상 그가 원하는 만큼의 효율성을 갖고 움직이는 것은 아니었지만, 그의 명령에 따라 움직이는 의지할 만한 엘리트들이 그의 주변을 둘러싸고 있었다.

사실 이집트 내부에서 그의 위치는 점점 더 공고해졌는데, 그가 일반 백성들에게 사용한 가부장적 언어에서도 그 정도를 엿볼 수 있다. 1828년에 나온 회람에는 "시혜자께서는…… 이집트 영내에 사는 모든 사람에게 관심과 보살핌을 베풀고 그들이 마치 자기 소유물인 것처럼 간주한다. 그는 노소를 불문하고 지위의 고하를 막론하고 이집트의 모든 주민을 자신의 부유함 속에서 육성하고자 노력하며, 그들을 자신의 아이들로 대우하고자 한다."라고 되어 있다(al-Waqa'i' al-Misriyya,[*] 1829). 1827년 영국 총영사와 나눈 면담에서 메흐메드 알리는, "백성들을 내 아이들이라고 생각하는 데에서 기쁨을 얻었다."라고 했다. "2년 전까지도…… 압제적인 통치를 했다."라고 고백했지만, 그 이후로 "백성들에게 아버지로서 행동해 왔다."라고 했다(영국 국립 문서고, 1827b). 그리고 한 프랑스 여행자와의 인터뷰에서 메흐메드 알리는 이집트 인들에 대해 다음과 같이 말했다. "이 사람들은 어린이처럼 계도가 필요하다. 왜냐하면 마음대로 하라고 놔두면 그들은 내가 고양시키기 이전의 혼돈 상태로 다시 돌아가고 말 것이기 때문이다."(두앵, 1927, 99쪽)

---

[*] 중동 최초의 신문으로, 이집트 정부의 관보官報.

끈질긴 걱정거리

국내에서의 위상은 점점 높아 갔지만, 메흐메드 알리는 자신의 미래에 대해 걱정이 많았다. 우선 그는 더 이상 젊지 않았고, 가장 가까운 사람들의 죽음(사랑하는 아내 에미네는 1824년에, 신임하던 제2인자 라즈올루는 1827년에 죽었다.)은 자신도 언젠가는 죽을 것이라는 점을 날카롭게 상기시켰을 것이다. 동시에 그와 이스탄불 사이의 애매한 관계는 지속적인 걱정의 원천이었으니, 영국 영사에게 말한 것처럼 기관을 설립하고 개혁을 하고 권력 기반을 단단히 하면 할수록 자기가 죽은 후에 자신의 노력으로 얻은 이 모든 이득을 누가 챙길 것인지가 더욱 궁금해졌다(쿠트올루, 1998, 126쪽).

더욱이 이스탄불에 있는 그의 대리인 네집 에펜디로부터 이스탄불이 점점 더 적대적인 자세를 취하고 있다는 소식이 들려 왔다. 술탄 마흐무드가 지방에 대한 통제를 확고히 하기 위해 구식 군대인 예니체리를 폐지하는 군사 개혁을 신호탄으로 삼아, 제국 관료계를 활성화시키고 재정을 개혁하기 위한 신속한 조치를 취하는 등 급속하게 중앙 집권화 정책을 꾀하고 있다는 것이었다. 그리고 메흐메드 알리 같은 독립적인 총독들이 취해 온 준자치적인 정책들은 더 이상 용인되지 않을 것 같은 두려운 조짐이 보인다는 것이었다. 이스탄불에서 온 소식 중 무엇보다도 분명한 것은 그의 오랜 숙적 휘스레우 파샤가 점점 더 많은 권력을 갖게 되었고 술탄의 신임을 받고 있다는 것이었다.

동시에 유럽의 정세 변화도 역시 두려운 일이었다. 파샤는 다양한 경로를 통해 정보를 듣고 있었다. 즉 지중해 곳곳의 항구에 나가 있는 상업 에이전트들, 파샤를 알현하는 유럽 인 여행자들, 주로 이스탄불 주재 유럽 대사들의 동향을 보고하는 대리인, 그리고 무엇보다도 카이로와 알렉산드리아에 있는 각 유럽 국가를 대표하는 영사들 등을 통해 걸러진 소식들이 들어오고 있었는데, 그들은 모두 유럽 일부 국가들이 노대국老大國 오스만 제국의 실질적 경쟁력에 대해 심각한 의문을 갖기 시작했다고 이야기했다. 유럽 열강들이 군사적인 면에서 오스만 제국보다 한 수 위라는 것은 오래전부터 공공연한 일이었지만, 메흐메드 알리는 그리스 전쟁을 통해 유럽이 제국의 국내 문제에 어떻게 개입하는지를 보았고, 술탄의 영토에서 새로운 국가 하나가 성공적으로 분리되어 나가는 것도 보게 되었다.*

메흐메드 알리로서는 단편적인 소식밖에 들을 수 없었고 유럽 각국의 수도에 대사들이 나가 있는 것도 아니어서, 진행 중인 계획의 전모를 파악하는 것이 쉽지는 않았을 것이다. 그는 사람을 매료시키는 다채롭고도 숙달된 언변으로 유럽 영사들을 상대함으로써 이 핸디캡을 극복하는 데 최선을 다했으며, 그들에게서 얻을 수 있는 최대한의 정보를 짜내고 역으로 자신의 생각과 소망을 그들의 상관에게 전달하도록 조종했다.

이렇게 수많은 유럽 영사와 만남을 갖던 중에 유럽 각국이 이제까지와는 다른 커다란 변화를 꾀하고 있다는 것을 보여 주는 기이한 제안을

---

* 1832년 현재 그리스 남단에 위치한 모레아 반도를 중심으로 한 영토 범위에서 독립 국가로 인정된 그리스를 지칭하는 것이다.

받게 된다. 메흐메드 알리는 1828년 프랑스 영사 드로베티Drovetti와 회견하면서 프랑스 정부가 오스만 제국의 명목상의 속주인 알제리를 침공하는 데 그의 도움을 원한다는 이야기를 들었다. 그 후 계속된 협상에서 메흐메드 알리는 네 개의 전함과 천만 프랑을 요구했고, 프랑스 인들은 흔쾌히 동의했다. 그러나 곧 파샤는 영국과 러시아가 이 계획에 강력히 반대하는 기미를 알아차렸고, 이해 관계상 다른 지역이 더 중요하다는 판단 아래 제안을 거절하면서 계획 자체가 없던 일이 되었다. 그러나 이 신기한 알제리 해프닝 덕택에 그는 오스만 제국의 영토를 차지하려는 유럽 인들의 야심이 얼마나 대단한지 깨닫게 되었을 것이다.

시리아 침공에 나서다

메흐메드 알리가 프랑스의 알제리 침공에 관여하지 않기로 한 데에는 영국과 러시아의 반대도 한몫했지만, 주된 이유는 알제리 침공에 관여할 경우 북부 전선 방어에 틈이 생기기 때문이었다. 메흐메드 알리에게 전략적으로 중요한 곳은 알제리가 아니라 시리아였다. 파샤의 관심은 그가 이집트 총독이 된 이래로 시리아에 집중되어 있었다. 시리아의 우거진 숲은 함대를 건설하는 데 필요한 목재를 충분히 공급할 수 있었다. 시리아의 인구는 비록 이집트보다는 적어도 징병과 하부 구조 건설로 발생한 인력 부족을 메꿀 수 있을 정도는 되었다. 무엇보다도 메흐메드 알리의 시리아에 대한 관심은 계산된 것으로, 이스탄불의 다음 움직임에 대한 그의 지속된 불안감과 관련이 있었다. 중앙 정부가 그를 강제로 이집트에서 내쫓으려 한다면 당연히 시리아로부터 공격이 시작될 수밖에 없었다. 그러므로 해군력을 증강하고 알렉산드리아의 방어를 강화하고 지중해 연안을 따라 요새를 건설한 후, 이제 남은 일은 오스만 제국 중앙부와 시리아 사이의 육상 전선을 지키는 것이었다.

1830~1831년 사이 이집트 전역에서 관측된 열띤 군사 활동의 진짜 목적이 무엇인지 억측이 난무했다. 어떤 사람은 파샤가 아라비아에 군대를 더 보낼 것이라 했고, 또 어떤 사람은 중앙 정부의 명령에 따라 러시아를 상대로 전쟁에 나설 것이라고 했다. 1831년 여름이 되자 미증유의 군사적 준비가 눈에 띄었는데, 콜레라가 창궐했음에도 불구하고 클로 박사의 노력 덕택에—이 공으로 그는 '베이'의 칭호를 받는다— 군 숙영지와 막사들이 비교적 피해를 입지 않고 상황이 끝난 후 파샤의 진정한 의도가 드디어 드러났다. 그것은 시리아에 대한 수륙 양면의 전면 공격이었다.

1831년 11월 2일, 파샤의 새로운 군대가 시리아에 대한 총공세 작전을 개시했다. 팔레스타인 남부 시돈Sidon 지방의 지방관 압돌라Abdallah 파샤가 메흐메드 알리의 가혹한 정책을 피해 도망 온 이집트 농민 6,000명에게 피난처를 제공하고 그들을 이집트로 돌려보내는 것을 거부하자, 메흐메드 알리는 그것을 구실로 삼아 해군과 육군에 아크레Acre로 진격할 것을 명했다. 한 달도 안 되어 이브라힘의 군대는 아크레에 도달하여 포위를 시작했다.

오스만 중앙 정부는 알레포Aleppo의 총독 메흐메드Mehmed 파샤에게 주변 지역에서 군대를 규합하여 이브라힘 파샤의 군에 대적하도록 했다. 예니체리를 일소한 휘세인 파샤에게도 새로운 명령을 내려 아나톨리아에서 군대를 소집하여 메흐메드 파샤와 함께 정찰을 하도록 했다. 1832년 5월에는 아나톨리아의 울라마가 메흐메드 알리와 그의 아들 이브라힘을 반역자로 규정하는 페트와를 공표했다.

이러한 조치들 중 그 어느 것도 메흐메드 알리를 위협하지 못했다. 아크레를 포위하는 데 비록 몇 주일, 아니 몇 달이 걸렸지만 이는 그의 결심을 더욱 강하게 만들어 줄 뿐이었다. 파샤는 영국인 여행객과의 면담에서 다음과 같이 예견했다. "며칠 후면 아크레는 내 것이 될 것이오. 만약 술탄이 동의하면 나는 그것을 내 것으로 하고 거기서 멈출 것이오. 만약 그렇지 않으면 나는 다마스쿠스Damascus를 정복할 거요. 만약 다마스쿠스를 내 것으로 한다면 거기서 멈추겠지만, 그러지 않으면 알레포도 점령할 거요. 그리고 술탄이 그때도 동의하지 않으면, 그때는 [그 결과를] 누가 알겠소? 알라후 케림Allahu Kerim!* 신은 자비로우시다!"(세인트 존, 1834,** II, 486쪽) 아들의 군대가 아직 아크레를 점령하지 못했고, 술탄에 대항하는 군사적 행동이 적법한가에 대해 시리아의 여론이 분열되어 있고, 게다가 그를 반역자로 선언하는 페트와가 목에 걸려 있는 상황에서 이런 말을 했다는 것은, 메흐메드 알리가 얼마나 확고하

---

* 바로 뒤에 나오는 '신은 자비로우시다', 혹은 '너그러우시다, 고귀하시다' 등의 뜻이 될 수 있다.

** James Augustus St. John은 이집트 여행의 경험을 자세한 목차와 많은 일화를 곁들여 펴냈다.

고 의지가 강했는지를 보여 준다고 하겠다. 그가 한 말은 마치 예언처럼 들어맞았다. 1832년 5월 27일 아크레는 마침내 무너졌고, 그 덕분에 이브라힘은 다마스쿠스로 진격하여 6월 16일 싸우지도 않고 입성할 수 있었다. 3주 후에 그는 오스만군의 전위 부대와 교전하여 큰 승리를 거뒀다. 그리고 얼마 안 있어 시리아에서 가장 북쪽에 있는 도시인 알레포가 이브라힘 파샤에게 넘어갔다.

루비콘 강을 건너다

군대가 이집트에서 출정한 지 7개월도 안 되어 시리아 전역이 이브라힘 파샤의 휘하에 들어갔다. 메흐메드 알리는 6개월 전 J. A. 세인트 존St. John과 면담을 하면서 알레포가 아들의 수중에 들어오면 무엇을 할 것인지에 대해 분명히 말하지 못했다. 그런데 알레포를 점령했는데도 여전히 무엇을 해야 할지 잘 몰랐다. (정책에 따라서 군사를 운용하는 것이 아니라) 군사적 논리에 따라 하루하루 무엇을 할 것인가를 결정하고 있었는데, 현장에서는 계속 새로운 상황이 전개되었고, 그 후 10개월간 메흐메드 알리는 아들의 군사적 승리를 뒤쫓아 움직이기에 바빴다.

　비록 알레포가 정복되었으나 휘세인 파샤 휘하의 오스만군의 주력은 아직 전장에 투입되고 있지 않았다. 7월 29일 이브라힘 파샤는 토로스 Toros 산맥을 넘어 휘세인 파샤의 군대와 교전하여 상대편에게 큰 피해를 입혔다. 이브라힘이 마침내 오스만 제국의 중심부인 아나톨리아로 건너간 것이므로 이는 매우 심각한 상황이었다. 사태를 더욱 심각하게 만든 것은, 이브라힘이 기세를 몰아 술탄 마흐무드가 육성하고 당시 대재상이던 메흐메드 레시드Mehmed Reşid 파샤가 지휘하는 또 다른 오스만 군대와 대결하려 북으로 진군하고 있었다는 점이다. 1832년 12월 양측은 중부 아나톨리아의 콘야에서 충돌했는데, 오스만 군인들은 또 한 번 패배했으며 대재상은 이브라힘에게 생포되었다.

이는 이브라힘이 지금까지 이루어 온 군사적 승리 가운데 가장 중요한 것이었고, 이로써 오스만 술탄의 마지막 전투력마저 붕괴되었다. 이스탄불로 향하는 길은 이제 활짝 열렸다. 이집트의 메흐메드 알리와 아나톨리아에 있는 이브라힘 사이를 오스만 제국에 곧 닥칠 종말과 관련한 메시지를 가진 전령들이 급히 오갔다. 그런데 흥미롭게도 아버지와 아들 사이에 오간 서신 속에는 매우 미묘하고 난감한 문제가 담겨 있었다. 둘 중 어느 한쪽도 이 중요한 승리를 어떻게 활용하여 성과를 극대화할 것인지를 알지 못했던 것 같다. 아크레 정복을 목적으로 한 방어적 선제공격을 개시함으로써 북방 경계선의 안전을 도모한 다음, 메흐메드 알리는 자기 아들이 시리아 전역을 휩쓸고 아나톨리아까지 진군하고 있음을 보았다. 콘야에서의 승리는 그가 꿈도 꾸지 못했던 일이었고 그의 정치적 계산은 아들의 영토 확장을 따라가기 바빴다.

오스만 제국의 대재상이 생포되고 이브라힘의 침공을 막으려 집결한 오스만군 전체가 궤멸되자, 메흐메드 알리는 적에게 화평 조건을 어떻게 제의할 것인지에 대해 급하게 생각해야 했다. 곧 술탄을 폐위시키고 술탄의 아들을 즉위시키는 방안이 메흐메드 알리와 이브라힘 사이에 오간 서신에서 논의되기 시작한다. 군대가 오스만 제국의 수도를 향해 다시 진군을 시작하면서 이 생각은 더욱더 구체화되었다. 즉, 술탄 마흐무드가 신앙으로부터 멀어졌음을 선언하고 그의 폐위를 요청하는 페트와를 발표하도록 아나톨리아와 루멜리아의 울라마를 설득하자는 것이었다. 술탄가 사람들의 생명을 보호하자는 청원도 논의되었다.

그러나 이브라힘이 계속해서 놀라운 승리를 거두게 되면서 급박한 외교 활동이 벌어지자 파샤는 더욱 신중한 자세를 취할 수밖에 없었다. 그는 아들로부터 술탄이 영국 해군의 원조를 요청했는데 영국이 거절하면서 더욱 긴장이 고조되었다는 이야기를 들었다. 이는 술탄 마흐무드로 하여금 러시아 인들에게 접근하도록 만들었다. 당시 상황이 오스만 수도에서 자기들의 영향력을 높일 수 있는 절호의 기회라고 생각한 러시아 인들은 매우 우호적인 반응을 보였다. 러시아 사신 무라비에프 Muravieff 장군은 특별 임무를 띠고 이스탄불과 알렉산드리아에 파견되었다. 무라비에프는 술탄에게 러시아 군대와 전함을 지원하겠다고 약속하고는, 1833년 1월 13일 알렉산드리아에서 메흐메드 알리와 만나 러시아는 오스만 제국의 분열을 용인하지 않을 것이라며 수도로 진군하는 아들을 멈추게 하라고 경고했다. 메흐메드 알리는 술탄과의 싸움이 유럽의 위기로 전화되고 유럽 대국들이 끼어드는 것을 보고는 아들에게 이스탄불로의 진군을 멈추라고 지시했다.

그 후 3개월 동안 메흐메드 알리는 서로 모순되는 두 가지 압력 사이에 놓인다. 한편으로 그는 군대를 철수시키고 술탄에게 다시 복종해야 한다는 압력을 이스탄불과 유럽 열강에서 받았다. 다른 한편 아들은 수도로 계속 진군해서 '일을 끝내' 버리자고 부추기고 있었다. 메흐메드 알리의 정치인으로서의 영리한 근성은 이렇게 서로 반대되는 압력을 다루는 능력에서 드러났다. 그는 아들의 군사 상황에 대한 평가가 사실이고 "먼저 겁먹지 말자"는 간청이 뜻하는 바도 잘 알고 있었다. 그러나 이브라힘의 열정적인 계획대로 수도로 진군을 계속하거나 완전한 독립을 선언한다면 확실히 유럽의 반대라는 벽에 부딪힐 거라는 것도 알았다. 달리 말하자면, 그는 자신이 강한 군사력을 가졌음을 정확히 알고 있었지만 또한 아들이 약속한 대로 영토를 최대로 팽창시킨다고 해도 그것이 영구적이지는 못할 것이라는 것도 알았다.

'제1차 시리아 위기'라고 알려지게 된 이 사건은 협상이 이루어진 도시의 이름을 따서 퀴타히아Kütahya 평화 협정으로 남게 되는데, 이로써 이브라힘 파샤는 영토를 최대한으로 넓히게 된다. 이 '평화 협정'에 따라 술탄은 이집트, 크레타, 히자즈를 메흐메드 알리에게 다시 수여했고, 이브라힘 파샤에게는 시리아의 네 개 주와 아나톨리아 남부의 아다나 Adana―목재가 풍부할 뿐만 아니라 남쪽에서 아나톨리아 지방을 공격할 때 꼭 거쳐야 하는 전략 요충지이다.― 주의 세금 징수관muhassil 직위도 주었다. 이러한 협상 결과를 보고 받은 파샤는 "[영국 첩보 요원이었던 캠벨Campbell에 의하면] 눈에 기쁨의 눈물을 가득 담은 채 일어나더니 투르크 인 특유의 진지함을 다 내팽개치고 흥분된 웃음을 터뜨렸다."(알 사이드 마르소, 1984, 230쪽) 그의 군사적 모험은 예상했던 것보다 훨씬 성공적이었고 군사 작전을 아들에게 맡김으로써 북방 경계선을 안전하게 유지할 수 있었다. 더욱이 비록 복잡하긴 하지만 유럽 정계에서 자신의 행동이 어떤 의미를 갖는지 완전히 이해함으로써, 메흐메드 알리는 자신이 오스만 제국의 일류 정치가일 뿐만 아니라 오스만 세계를 뛰어넘어 생각할 수 있고 유럽 정치의 미묘함을 고려할 수 있는 영리한 전략가임을 증명했다.

재구성과 비용 절감

오스만 술탄과의 첫 번째 군사 대치에서 승리를 거두었음에도 불구하고 역설적으로 메흐메드 알리는 자신이 불안한 처지에 놓인 것을 알게 되었다. '퀴타히아 평화 협정'이 공식적인 평화 조약이 아니고 단지 그의 아들과 술탄의 사절 사이의 구두 약속이었다는 것은, 그가 공식적인 외교 협약을 얻어 내지 못했다는 것을 의미했다. 더욱이 그의 군사 행동의 직접적인 결과로 오스만 정부는 러시아와 방위 조약을 맺기로 동의했다. 영국과 프랑스는 이로써 이스탄불에 대한 러시아의 영향력이 커지게 되었다고 메흐메드 알리를 비난했고 그의 외교적 입지는 약화되었다.

메흐메드 알리는 자신의 패를 강화하기 위해 외교적 공세에 나섰고, 유럽의 영사들에게 오스만 정부로부터 독립하겠다는 의사를 공식적으로 밝혔다. 이러한 독립에 대한 언급이 모든 유럽 열강에 의해 일언지하에 거부되자, 메흐메드 알리는 독립 이야기를 얼른 도로 집어넣으며 영사들에게 현 상태를 유지하겠다고 굳게 약속했다. 이런 이야기가 빈말은 아니었으니, 한숨 돌리면서 내부적으로 자신의 군사적 상황을 재점

검해야 했기 때문이다.

메흐메드 알리는 이제 오스만 측과의 대결뿐만 아니라 자신이 지배하게 된 광대한 지역을 어떻게 통치할 것인지 심각하게 고민하게 된다. 술탄 마흐무드가 그리스와의 전쟁에서 도와준 것을 보상하려고 하사한 크레타 섬에서는 확대된 징병 정책에 대항하여 대규모 반란이 일어났다. 메흐메드 알리는 반란 진압을 위해 해군 총사령관 오스만 누렛딘을 보냈다. 그러나 그는 메흐메드 알리와 아무 상의도 없이 반란자들에게 대사면령을 내리고는 주군의 분노가 두려워 이스탄불로 도망하여 다시는 이집트로 돌아오지 않았다. 이에 메흐메드 알리는 크레타에 직접 가서(1833년 7~9월) 반란자들을 처리하고 그 섬을 평정해야겠다고 느꼈다.

더욱이 히자즈, 예멘, 수단에서는 심각한 행정 및 군사 문제에 봉착했는데, 이 문제들 대부분은 파샤의 민정 관료들과 군 사령관의 경험 부족과 현지인들의 저항 때문에 발생한 것이었다. 그러나 파샤가 가장 강력한 반대에 부딪힌 것은 시리아 땅에서였다. 이브라힘 파샤를 지휘관으로 쉴레이만 파샤를 부지휘관으로 하는 대군(처음에는 5만 명이었다가 1830년대에 10만 명까지 늘어난)이 주둔하고 있고 파샤의 조카인 노련한 메흐메드 셰리프 파샤가 총독이었음에도 불구하고, 메흐메드 알리는 점령 비용을 충당할 만큼의 수입을 시리아에서 거둬들일 수가 없었다. 더욱이 독점 정책을 시리아까지 확대하면서 유럽 인들, 특히 영국인들에게서 심한 반발을 샀고, 결국 독점 정책을 철회할 수밖에 없었다. 더욱 심각했던 것은 이브라힘이 강제하려 했던 군사 징집과 무장 해제 정책을 시리아 인들이 받아들이지 못했다는 점이다. 대규모 반란이 처음에는 팔레스타인에서, 다음에는 드루즈Druze파들에 의해 레바논 산간 지역에서, 끝으로 베이루트Beirut에서 일어났다. 첫 번째 반란이 일어나자 (1834년 3~7월 사이) 아들을 도와 법과 질서를 회복시켜야겠다고 생각한 메흐메드 알리는 직접 시리아에 갔고 극도의 무자비한 방법으로 질서를 되찾았다.

국내적으로도 메흐메드 알리는 점점 더 성난 백성들과 맞닥뜨리게 되었다. 불만에 찬 엘리트들은 나라를 어떻게 다스릴 것인지에 대해 좀 더 발언권을 가지려고 아우성치고 있었고, 움츠러들고 있던 경제 상황은 설상가상으로 의료, 산업, 교육 사업에 들어가는 비용이 증가하면서 더욱 악화되고 있었다. 무엇보다도 수단, 예멘, 히자즈, 크레타, 시리아에 나가 있는 군대로 인한 재정적 부담이 컸다. 이러한 곤란을 타개하기 위해 메흐메드 알리는 1837년 방만한 행정부를 완전히 개편하여 내무, 재무, 육군, 해군, 교육, 무역, 공장을 담당하는 일곱 개의 정부 부처를 만들었다. 그러나 새로운 부서들은 실질적인 수준의 독립성을 부여받지 못했고 모든 일은 여전히 메흐메드 알리의 승인을 받아야만 했다.

1830년대 전반기에는 파샤의 수입이 심각하게 줄어들었다. 우선 1831~1832년 사이에 콜레라가 창궐하여 12만 명이 죽었고, 몇 년 연속으로 나일 강의 범람 수위가 낮아 농촌에 심각한 기근이 들었으며, 1834~1835년에는 흑사병으로 20만 명 이상이 죽기도 했다. 이런 모든 재난은 노동력에 영향을 주었으며 생산성이 감소했다. 1836~1837년의 국제적인 금융 위기에 의한 면화 값의 갑작스러운 폭락은 이미 어려워진 재정을 더욱 악화시켰고 뭔가 특단의 대책을 마련하지 않으면 안 되었다. 교육 부문이 제일 먼저 영향을 받았다. 1833년에 문을 연 67개 초등학교 중 23개가 문을 닫았다. 이어 무능한 경영진과 분노한 노동자들로 삐걱거리던 많은 공장도 문을 닫았다. 더욱이 1837년에 파샤는 정책을 바꿔 엘리트들이 농지를 소유할 수 있도록 했다. 전쟁으로 부를 축적한 자들에게 세금이 체납된 큰 규모의 땅들을 인수하게 하여 세금 체납분을 내게 하고는 앞으로도 계속해서 세금을 납부하겠다는 보장을 하게 하는 식이었다.

중요한 것은 의료 기관들은 이러한 상황에 영향을 받지 않았다는 것이다. 이는 콜레라와 흑사병의 규모에 경각심을 갖게 된 데다가 검역 체계를 강화하여 군 병사들과 알렉산드리아 병기창의 노동자들을 구해낸 클로 베이의 영향 덕분으로, 메흐메드 알리는 의료 기관들에 더 많은 돈과 노력을 투자했다. 알렉산드리아에는 유럽 영사들로 구성된 국제 검역 위원회가 만들어졌다. 이 위원회는 파샤에게 무서운 전염병들과 어떻게 싸울 것인지에 대해 조언을 해주었다. 또 유럽 언어(대개 프랑스어)로 쓰인 많은 첨단 의학서가 아랍어로 번역되어 1820년에 세워진 정부 인쇄소에서 인쇄되었다. 흥미로운 일은 당시의 높은 사산 건수를 줄이고 어린이에게 천연두 접종을 실시할 것을 기대하며 1832년에 산파 학교가 세워진 것이다. 이러한 조치들은 모두 연간 영아 사망률을 줄이고 공중 보건과 위생 부분에서 중요한 발전을 이루는 데 도움이 되었다.

두 번째 시리아 위기

내부를 정비하고 널리 퍼져 있는 지배 지역에서 갖가지 이유로 일어난 수많은 반란을 일단 억누르는 데 성공한 메흐메드 알리는, 1838년 5월 25일 다시 한 번 독립을 선언하겠다는 의사를 밝혔다. 4년 전 첫 시도 때와 마찬가지로 이러한 독립에의 열망은 어떠한 민족주의나, 민족주의의 싹이 되는 사상에 뿌리를 둔 것이 아니었고, 심지어 한 번도 자신이 이집트의 아랍어를 쓰는 신민들을 대변한다는 주장을 한 적도 없었다. 예컨대 그는 한 번도 신민들이 오스만 통치에 분개했다든가, 그들이 10년 전에 그리스 인들이 했던 것처럼 오스만의 굴레를 벗으려 투쟁했다는 주장을 한 적이 없다. 그보다는, 유럽 영사들과의 만남에서 두 가지를 이야기했다. 하나는 자신이 시도한 많은 개혁의 미래, 다른 하나는 자기 가족이었다. 파샤의 걱정을 전하면서 영국 영사는 다음과 같이 설명했다.

> 메흐메드 알리는 절대로…… 자신이 지금까지 일군 모든 것, 엄청난 비용을 들여 만든 유용하고 돈이 많이 드는 기관들……이 자기가 죽은 후 포르트(오스만 정부)의 소유가 되거나 없어지는 것에 동의할 수 없을 것이며, 자신의 모든 노력이 단지 그 기관들이 고사하도록 놔둘 포르트를 위한 것이 되고 자기 자손들과 가족들은 빈곤해지거나 처형당할지 모른다는 것에 엄청난 고통을 느낄 것이다. (쿠트올루, 1998, 126쪽)

이와 같은 열렬한 간청에도 불구하고 유럽 인들은 독립하겠다는 메흐메드 알리의 생각에 다시 한 번 반대했다. 사실 그는 유럽, 특히 영국이 4년 전 자신이 처음으로 독립을 시도한 때부터 점점 더 까다롭게 굴고 있다는 것을 알고 있었다. 오스만 제국을 거의 멸망시킬 뻔했던 그의 군사적 성공 때문에 유럽이 강한 경계심을 가지게 되었다는 점은 분명했다. 유럽 인들은 이권을 놓고 유럽 전체가 싸우는 것을 미연에 방지하고자 했다.

세습 통치를 추구하다

이제 강력한 방어선을 구축해 놓아 안전하다고 생각한 메흐메드 알리는, 유럽 영사들에게 더 이상 군사적으로 상황을 악화시키지 않겠다는 약속을 했다. 그는 외교적으로 전술을 바꾸었고, 독립이 아니라 자신의 권위가 자손들에게 이어질 수 있도록 왕조적 계승을 향한 열망을 이야기하기 시작했다. 그 후 3년 동안 메흐메드 알리의 머릿속에는 세습 통치에 대한 생각뿐이었고, 드디어 평생을 짓눌러 온 오스만 제국과의 애매한 관계를 해결할 방법을 찾은 것처럼 보였다. 술탄에게서 분명하게 세습 통치를 인정받고 그것을 문서—가장 좋은 것은 칙령(피르만)—로 확실하게 확보해 놓는다면 뿌리 깊은 불안에서 벗어날 수 있을 것 같았다.

그러나 메흐메드 알리가 목표를 달성하기 위해서는 많은 장애물을 넘어서야 했다. 첫 번째로 메흐메드 알리가 열망하고 있던 것, 즉 총독직을 후손들이 세습하는 것은 오스만 역사상 전례가 없는 일이었다. 그러므로 이러한 열망을 확실하게 보장받기 위해서는 대단한 외교적 능력과 독창적인 생각이 필요했다.

두 번째로, 메흐메드 알리는 이 미묘한 일을 군주와의 내부적이고 직접적인 협상을 통해 이루고 싶었지만 바람과는 달리 심각한 문제에 직면하게 된다. 즉, 그의 에너지를 소진시키고 주요한 군사적 영유지를 빼앗으려 할 뿐만 아니라 심지어 이집트 총독직을 탐내며 그를 밀어 내려고 하는 유럽 열강의 간섭에 맞닥뜨린다.

메흐메드 알리가 1838년 여름에 세습 통치를 선언한 다음, 그에게 가장 심각한 장애와 도전이 된 것은 군사적인 상황이 통제 불능의 상태로 빠져 들면서 시작된 외교적이고 정치적인 여파들이었다. 유럽 인들에게 오스만 인들을 선제공격하지 않겠다는 약속을 한 메흐메드 알리는, 이브라힘 파샤에게 오스만 측의 도발에 넘어가지 말라는 명령을 내렸었다. 그러나 오스만군이 1839년 5월 중순 유프라테스Euphrates 강을 넘어오자 메흐메드 알리는 아들에게 오스만군과의 교전을 명했고, 6월 24일 이브라힘은 남부 아나톨리아의 작은 도시 니집Nizib 근처에서 오스만군에게 또 한 번의 패배를 안겼다. 상황은 곧 무섭게 급물살을 탔다. 술탄 마흐무드는 군대가 패배했다는 소식을 듣기도 전인 6월 29일에 갑자기 죽었고, 그 뒤를 이어 그의 열일곱 살짜리 아들 압뒬메지드Abdülmecid가 즉위한다. 압뒬메지드는 즉위하자마자 가장 먼저 메흐메드 알리를 사면하고 이집트의 세습 통치권을 인정해 주었다. 그러나 여기에는 메흐메드 알리가 무력으로 얻은 모든 땅, 즉 아라비아, 예멘, 크레타, 아다나, 그리고 가장 중요한 시리아를 돌려준다는 전제 조건이 붙어 있었다.

오스만 측에 또 한 번의 심각한 군사적 패배를 안겼고 이제 젊고 경험 없는 술탄과 협상하게 되었다는 것을 깨달은 메흐메드 알리는, 지금 제시된 것보다 더 좋은 조건을 얻어 낼 수 있을 거라고 자신했다. 그러나 새로운 상황 두 가지가 발생하면서 일이 상당히 꼬였다. 먼저, 그의 숙적 휘스레우 파샤가 오스만 제국에서 가장 높은 직위, 즉 대재상 자리에 올랐다. 이 소식을 듣자마자 메흐메드 알리는 아들에게 위기가 끝나지 않았고 앞으로 힘든 시기를 겪어야 할 것 같다고 편지를 보냈다(이집트 국립 문서고, 1839a). 다음은 휘스레우가 이 중요한 직위를 차지한 데 따른 직접적인 여파로 인해 생긴 일로, 휘스레우가 자신에게 등을 돌리고 높아진 위세를 이용해서 자기를 죽일까 봐 대제독 아흐메드 페우지 Ahmed Fevzi가 함대를 이끌고 알렉산드리아로 망명해 버린 것이다. 페우지는 알렉산드리아에서 메흐메드 알리에게 함대를 바치고는, 군사적 성공과 증강된 해군력을 기회로 삼아 이스탄불로 직접 가 전례가 없었던 술탄의 대리자vekil로서 임명을 받으라고 권유했다.

그러나 휘스레우가 대재상직에 있는 이상 경험 없는 젊은 술탄이 아니라 만만치 않은 적을 상대하게 되었음을 깨달은 메흐메드 알리는 신중하게 처신하기로 마음먹었다. 수년간 '휘스레우'라는 이름은 파샤의 머릿속에서 '적'이라는 말과 동의어였고, 그 경쟁자의 모습은 깊은 심리적 의미를 가졌다. 사실 휘스레우에 대한 메흐메드 알리의 강박 관념은 거의 병적인 수준이었고, 이러한 집착을 측근들에게 숨기지 않았다. 그는 자신의 고문들에게 자기와 휘스레우가 칼을 들고 싸우는데 주위 사람들에게 구해 달라고 해도 아무도 도와주지 않는 꿈을 꾸었다고 했다. 그는 이 꿈을 해석하면서, 측근들로부터 도움을 전혀 기대할 수 없으며 외롭고 약하다고 느낀다고 말했다(아리프, 연대 미상, II, 11쪽).

휘스레우에 대한 불신이 마음 깊이 자리 잡을 만한 이유들이 있었으므로, 메흐메드 알리는 적을 중요한 직위에서 끌어내리기 위해 사정없이 외교적 공세를 퍼부었다. 그는 휘스레우를 제거해야 하며 그래야만 더 이상의 유혈 사태를 피할 수 있다는 편지를 이스탄불의 재상들에게, 지방 총독들에게, 군사 지도자들에게, 울라마들에게, 그리고 술탄의 모후에게까지 썼다. 그는 휘스레우에게도 직접 편지를 써서 자신은 시리아 땅 이외에는 아무것도 요구하지 않으며 그 땅을 받게 된다면 히자즈로 후퇴하겠다고 했다. 이 재미있는 편지에서 그는 자기 숙적에게 자기와 함께 히자즈로 은퇴하여 기도와 명상에 여생을 바치는 평화로운 삶을 살자고, 그래서 역사책에 좋은 이름을 남기자는 제안까지 했다(이집트 국립 문서고, 1839b). 이브라힘은 휘스레우에 대한 아버지의 집착이 도를 넘은 것을 보고는, 아버지에게 편지라도 써서 휘스레우보다 훨씬 더 심각한 문제들이 있음을 이야기해야 한다고 느꼈다(이집트 국립 문서고, 1839c). 궁극적으로 이브라힘이 옳았음이 증명되었으니, 휘스레우는 1840년 5월에 제거되었지만 (이는 아마도 메흐메드 알리가 넣은 압력의 결과였으리라) 위기는 수개월간 더 지속되었다.

메흐메드 알리는 아들이 니집에서 놀라운 승리를 거두자 자기가 확실하게 유리한 고지를 차지했다고 자신했다. 그의 군대는 남아나톨리아의 중요한 도시들과 전략적인 고갯길들을 모두 점령하여 방어하기 좋은 위치를 장악하고 있었다. 새 술탄은 나이도 어리고 경험도 모자라 쉽게 조종할 수 있었다. 거기에 휘스레우가 제거되면서 이스탄불의 최고위층 가운데 메흐메드 알리에게서 직접 돈을 받고 있는 사람들도 있었고 말만 하면 쉽게 설득할 수 있는 사람들도 충분히 확보할 수 있었다. 그러나 문제는 주요 유럽 열강들이 이번에는 콘야에서의 전투 이후의 제1차 시리아 위기 때와는 달리 분열하지 않고 재빠르게 힘을 합쳐 메흐메드 알리에게 공동 각서(1839년 7월 27일의 공동 각서)를 내놓은 것이었다. 공동 각서는 유럽 열강들이 오스만 정부에게 메흐메드 알리와의 직접 교섭을 중지하고 모든 협상을 자기들을 통해서 하도록 설득했다는 내용이었다. 그때부터 메흐메드 알리가 이 공동 각서의 의미를 완전히 이해하기까지 2년이 걸렸다. 이 공동 각서가 의미하는 바는 그와 이스탄불 사이의 분쟁이 휘스레우를 제거하거나 함대를 돌려주는 문제에 국한된 것이 아니라 유럽의 관심사가 되어 버렸다는 것이었다. 마침내 메흐메드 알리는 자신의 행위가 오스만 정치의 좁은 틀을 넘어 진실로 세계적인 함의를 담고 있음을 깨닫게 되었다.

이와 같이 메흐메드 알리가 오스만 제국의 정치가에서 세계적인 정치가로 다시 한 번 탈바꿈을 할 수 있었던 열쇠는, 군사적 승리가 정치적으로 무엇을 의미하는지를 차분히 평가할 수 있었기 때문이었다. 아들과 인상적일 정도로 솔직하고 꾸밈없는 편지를 주고받으면서 그는 군사적 승리의 지대한 중요성을 점점 확실하게 깨닫게 된다. 그는 처음에는 이브라힘에게 유럽 인들이 그에게 시리아와 아다나에서 물러날 것을 요구하는 것은 오스만 제국의 분열을 막기 위해서라고 썼다. 그런데 그는 이 분열이 그에게 도움이 되지 않을 것임을 깨달았다. 사실 그것은 러시아 인들이 군대를 이스탄불에 상륙시켜서 제국의 동반부를 점하고 영국이 이집트에 진지를 구축하여 서반부를 점령하는 것을 의미했다. 그는 아들에게 만약 자기들이 러시아의 공세를 막기 위해 아나톨리아를 침공하여 영국이 이집트를 점령할 구실을 없애고자 한다면 어떤 선택을 할 수 있을 것인지 솔직히 말해 보라고 했다(이집트 국립 문서고, 1839d). 이브라힘의 답장은 놀랍도록 솔직한 것이었다. 그는 아버지에게 예멘과 아라비아에 있는 군대를 빼내 오면 십만 병력을 확보할 수 있고, 이와 같은 대규모 병력으로 아나톨리아를 침공할 수 있다고 했다. 그는 또 러시아 인들한테 승리할 자신이 있다고 덧붙였다. 단, 문제는 시리아 인들과 그들이 후방에 가할 위협일 것이라고 보았다. "니집에서의 승리와 시리아 전역에서의 축하 행사 이후에도, 시리아 인들은 여전히 우리에게 대항해 들고 일어설 기세입니다. …… 그들은 우리가 [러시아 인들에게] 져서 후퇴한다면 우리의 보급로를 차단하려고 [결심하고 있는 게] 확실합니다."(이집트 국립 문서고, 1839e)

메흐메드 알리는 답장에서 영국 및 프랑스 영사들과의 최근의 회동에서 시리아와 아다나를 양보하지 않을 것임을 다시 한 번 분명히 밝혔으나 크레타 섬에서 물러나는 것에 대해서는 여지를 남겨 두었다고 했다(이집트 국립 문서고, 1839f). 이브라힘은 아버지의 말에 동의하면서 자기들이 할 수 있는 한 굳건하게 아다나를 방어해야 한다고 했다. 그는 또한 필요하다면 아다나를 계속 차지하는 대신 아라비아를 포기하고 두 성스러운 도시 메카와 메디나를 술탄에게 돌려줄 수 있을 것이라고 제안했다. 그러나 만약 최악의 사태가 일어나 유럽 인들이 아다나에서의 철수를 요구한다면, 그래서 아다나를 유지하는 것이 다섯 나라와의 전쟁을 의미한다면 그럴 만한 가치는 없다고 마무리 지었다(이집트 국립 문서고, 1839g).

메흐메드 알리는 이와 같이 정신이 번쩍 드는 계산을 하면서 자기가 힘으로 획득한 모든 땅을 유지할 수는 없다는 것을 깨닫게 되었다. 문제는 얼마나 많은 땅을 술탄에게 돌려주어야 하는가였고, 또한 그 대가로 얻을 수 있는 것이 무엇인가였다. 2년간 알렉산드리아와 이스탄불 사이를 사신들이 왕래했고, 이브라힘도 꾸준히 이집트로 정보를 보내 오고 있었으며, 메흐메드 알리는 정기적으로 유럽의 영사들과 만나고 있었다. 그는 먼저 겁먹고 양보하는 자가 되지 않으려고 최선을 다했으며 어느 정도의 땅을 계속 유지할 수 있을지 보려고 강하게 밀어붙였다. 메흐메드 알리의 영토 확장에 대한 유럽의 강고한 반대는 너무나도 명확했고, 지금껏 그를 지지해 주었던 단 한 나라 프랑스의 입장이 그가 아들에게 말한 바대로 "이집트를 사랑해서"가 아니라 "자국이 처한 정치적 고립에서 빠져나오기 위해서……"였음을 알게 되었다. 그는 다음과 같이 덧붙였다. "…… 프랑스에 대한 나의 본능은 지금껏 항상 옳았던 것이다. 이제 순순히 따를 수밖에 없다."(이집트 국립 문서고, 1840) 파머스톤Palmerston이 1840년 7월 런던에서 오스트리아, 프러시아, 러시아와 후에 '레반트 평정을 위한 회의'라고 알려지게 된 회의를 열었을 때, 그리고 이 회의에서 메흐메드 알리에게 이스탄불에 함대를 돌려주지 않으면, 그리고 이브라힘에게 시리아와 아나톨리아에서 점령한 모든 땅으로부터 철수하라고 명령하지 않으면 심각한 결과를 맞게 될 것이라는 매우 엄중한 경고를 보냈을 때(1840년의 런던 조약), 메흐메드 알리는 여전히 포커페이스를 유지하면서 물러서기를 거부했다. 오스만 정부가 유럽 4개국에 호소함으로써 패를 강화한 것을 보면서, 메흐메드 알리는 프랑스의 중재를 받아들임으로써 자신의 카드를 튼튼히 하려 했다. 이 중재가 실패한 후에도 그는 여전히 자신의 행운의 여신을 믿었고, 자기가 원하는 대로 일이 굴러갈 것이라고 생각했다.

이 신경전은 1840년 9월에 영국이 베이루트를 포격하고 군대를 상륙시켰을 때 절정에 이르렀다. 곧 이브라힘이 그전 해에 예상했던 최악의 공포가 현실로 나타났다. 메흐메드 알리의 통치에 대항하는 대규모 반란이 시리아 전역에서 발발한 것이다. 계속 싸웠다가는 질 것이 뻔한 상황을 지켜보면서, 그러나 동시에 자신을 이집트 총독직에서 파면하려는 술탄의 계획을 파머스톤이 반대했고 더 나아가 영국인들이 자신에게 가장 소중한 지역에 자신을 다시 세울 의지가 있음을 깨닫고, 메흐메드 알리는 충실한 아르메니아 인 외교 자문 보고스에게 베이루트에 막 도착한 찰스 네이피어Charles Napier 경이 제안한 협상에 응하라고 지시했다. 이 협상에서 네이피어는 만약에 파샤가 술탄과의 분쟁을 끝내고 함대를 돌려주고 시리아로부터의 즉각적 철수를 명령한다면, "그렇게만 하면 그가 이집트에서 세습 통치를 할 수 있도록 연합국들이 보장해 줄 것"이라고 제안했다(쿠트올루, 1998, 174쪽). 이것이 자신이 기다리던 최적의 기회라고 판단한 메흐메드 알리는 즉각 아들에게 시리아에서 철수하라는 전갈을 보냈다.

154

환희

이브라힘은 즉시 그의 대군을 이집트로 철수시켰고 메흐메드 알리는 오스만 함대가 이스탄불로 향하도록 허락했다. 그 후 얼마 안 되어 유럽 인들은 오스만 정부에서 메흐메드 알리가 그토록 열망해 마지않던 세습 통치를 약속하도록 중재했다. 1841년 2월 20일 술탄의 사신이 임명 칙령(피르만)을 가지고 알렉산드리아에 도착했다. 피르만에서는 메흐메드 알리에게 이집트 총독직을 세습할 수 있다고 허락했다. 이 밖에 이집트군의 규모를 18,000명으로 제한했고, 오스만 정부가 승인하거나 도입한 모든 법과 조약들을 실행해야 한다고 강제했으며, 카이로에서 매년 이스탄불에 보내야 할 조공의 양을 규정했다. 피르만을 받고 메흐메드 알리는 뛸 듯이 기뻐했다. 그러나 그가 받아들일 수 없는 몇몇 중요한 조건이 있었다. 그가 군사력 축소에 반대하지 않았다는 것은 중요하다. 그가 이 사안에 있어서 요청한 단 한 가지는 고급 장교들의 임명권으로, 피르만에서 원래 규정했던 것과는 다르게 술탄이 아닌 자신이 임명권을 갖기를 원했다. 약간의 협상 후 그의 청은 받아들여졌다. 그는 또한 연례적인 조공의 양도 축소하는 데 성공했다. 가장 중요한 것은, 술탄이 메흐메드 알리의 직계 후손들 중에서 계승자를 선택할 수 있는 권리를 갖는다는 조건을 그가 강력히 반대한 것이다. 메흐메드 알리는 이스탄불로 보내는 답신에서, 이는 그의 사후에 내전으로 가는 문을 여는 것이기 때문에 이 조건을 용납할 수 없다고 주장했다(이집트 국립 문서고, 1841a). 이스탄불에서는 약간의 숙고 후에 메흐메드 알리의 모든 요청에 긍정적인 답을 주었고, 그러한 취지로 5월 24일에 새로운 피르만이 내려졌다. 메흐메드 알리는 1841년 6월 7일에 이를 받았다. 그리고 3주 후 메흐메드 알리는 오스만 정부에 다음과 같이 서신을 보냈다.

제가 이 경사스러운 [피르만을] 받았을 때, 저는 너그러운 은혜에 압도되었고 감사한 마음이었습니다. 저는 이 피르만을 즉각 받아들였고 그에 걸맞은 화려한 의례로 이 피르만을 받들었습니다. …… 피르만을 한번 쳐다보고 저는 감사한 발걸음으로 다가갔고, 저의 입술은 피르만에 키스함으로써 영예를 얻었습니다. 저는 [사신이] 귀한 손으로 가져온 메달을 받는 영광을 얻었고, 이미 충성으로 가득한 저의 가슴은 그 메달로 장식되었습니다. 모든 울라마와 공직자가 참석했고 피르만의 글귀가 소리 내어 읽혀졌습니다. 모든 사람이 술탄을 찬양하고 만수무강을 빌었습니다. 모든 백성이 이 축복을 즐길 수 있도록, 이 사건에 대한 환희와 행복을 표현하기 위해 축포가 카이로와 다른 도시들에서 발사되었습니다. (이집트 국립 문서고, 1841b)

7

승리

일흔한 살이 되어서야 메흐메드 알리는 마침내 안도의 한숨을 쉴 수 있
었다. 1841년에 받은 피르만은 그가 1801년 이집트에 처음 도착했을 때
부터 얻고자 노력했던 것을 그에게 주었다. 피르만은 메흐메드 알리가
그의 소중한 땅을 종신토록 다스리고 그 후에는 그의 후손들이 이집트
의 총독직과 그곳의 증가된 국부國富를 계승한다는 내용으로, 이는 주
요 열강의 지지 속에 오스만 술탄이 확실하게 보장한 것이었다. 피르만
을 받으면서 이집트의 종신 총독직을 법적으로 수여받게 된 것이었지
만, 사실상 그는 이집트에 온 이래로 상당히 일찍부터 그곳을 이스탄불
로부터 독립적으로 다스리고 있었다. 예상한 대로 메흐메드 알리는 점
점 더 복잡해지는 정무를 혼자서 처리할 수 없었고, 조금씩이나마 새로
운 관료 체계에 권한의 일부를 넘겼다. 비록 그의 감시 아래 있었지만,

시간이 갈수록 관료 체계는 점점 더 효율적이 되었고 관료들이 생산해 낸 대량의 기록들에서 상당한 정도의 전문성과 자부심을 감지할 수 있다. 관료 체계가 발전하고 전문적인 관료들이 성장하는 데 열쇠가 된 것은 1844년 8월에 통과된 연금법이었다. 이 법령에 따라 파샤나 그의 가족과 가까운 정도가 아니라 복무한 기간에 따라 연금을 지급하게 되었고, 이는 가문에 의한 통치에서 근대 관료제로 바뀌는 데 중요한 전환점이 되었다.

파샤와 그의 엘리트: 감시자들을 누가 감시할 것인가

그러나 파샤의 부하가 모두 공무원으로 전환될 수는 없었고, 연금법 자체만으로는 고위 인사들zevat,* 즉 엘리트를 관료로 만들 수도 없었다. 많은 실험 후에 메흐메드 알리는 엘리트들을 통제하는 데 법에 의지하게 되는데, 1840년대가 되면 일련의 법적 개혁 과정을 거쳐 복합적이고 유연한 법 체제로 진화하게 된다.

위에서 설명한 바와 같이, 메흐메드 알리는 직계 가족, 카발라에서 온 친구와 친지, 그리고 예전의 노예들로 구성된 엘리트들의 도움을 받으며 점점 더 복잡해지는 정무를 보았다. 이 밖에도 콥트 인 서기들, 아르메니아 인 고문들, 유럽 인 전문 기술자들, 그리고 파샤의 전설적인

---

* 여기서 'zevat'란 사람을 뜻하는 'zat'의 복수형으로, 아랍어에서 유래했다. 고위 인사들, 명사들을 가리킨다.

부유함의 덕을 보려고 모여든 다양한 투르크어 사용자들이 엘리트에 속했다. 이들의 서로 다른 요소들을 통합하고 이들이 권력을 남용하지 못하게 하는 것은 쉬운 일이 아니었다. 원칙에서 벗어나는 행동이나 부적절한 행실에 대한 보고가 들어오면 파샤는 즉각적으로 행동을 취해서, 잘못을 저지른 자를 공청회에 소환했으며, 그러고는 파면에서 사형에 이르는 여러 가지 형벌을 약식으로 내렸다. 종종 그는 이곳저곳 감찰을 다녔는데, 사전에 경고 없이 갑자기 나타나서 방심하고 있던 운 나쁜 자들에게 혹독한 벌을 주곤 했다. 1844년 7월에 일어난 유명한 사건을 보면 다음과 같다. 메흐메드 알리는 자기에게 보고되지 않은 심각한 적자에 대해 알아보기 위해 모든 고위 관료를 불렀다. 마침내 몇몇 관료가 용기를 내어 진실을 말하자 그는 미친 듯이 분노하면서 아들 이브라힘과 조카 셰리프 파샤가 각각 대역죄와 탐욕의 죄를 저질렀다고 비난했다. 그러고는 부하들을 일깨우는 것을 포기했으며 이제 메카로 은퇴하겠다고 신경질적으로 선언했다고 한다(리블린, 1961, 70~72쪽).

1841년에 피르만을 내려 메흐메드 알리에게 이집트 총독직을 주었던 젊은 술탄 압뒬메지드는, 1842년 9월에는 메흐메드 알리에게 대재상의 품계를 수여했다. 이스탄불로부터 새롭게 인정받은 정통성을 즐기던 메흐메드 알리는, 자신이 임명한 엘리트들 중 일부가 무책임한 행동을 보이는 것에 당혹감을 느꼈다. 메흐메드 알리는 엘리트들에게 이집트에서 자신들이 즐기고 있는 윤택한 삶을 명심하라고 거듭 당부했다. 그리고 이집트는 지리적으로는 연간 3~4회 수확할 수 있는 비옥한 토양을 갖추고 있으며 전략적으로는 북쪽의 유럽과 동방의 인도 및 중국을 연결하는 위치에 놓여 있는, 세계 어느 나라와도 비교할 수 없는 특별한 곳임을 알아야 한다고 강조했다. 또 그는 파라오와 프톨레마이오스 왕조라는 두 번의 영광스런 순간을 간직한 이집트의 긴 역사를 상기시키고, 이 오래된 땅에 옛날과 같은 영광을 부활시킬 날이 왔다고 주장하곤 했다. 그러나 이런 일은 게으름과 자기만족을 떨쳐 버리지 않으면 절대로 일어날 수 없다고 결론짓곤 했다(이집트 국립 문서고, 1843).

문제는 파샤가 자기 부하들을 비난한 이유였던 이러한 '게으름'과 '자기만족'이 파샤의 통치 스타일에서 기인했다는 점이었다. 가장 좋은 정부는 정의와 인간미를 겸비한 절대 권력이라고 믿으면서, 메흐메드 알리는 어떠한 실질적 권력도 관료들에게 위임하려 하지 않았다. 그러한 결과로 관료들은 조금의 책임감도 공공 서비스에 대한 감각도 키우지 못했다. 고위직 관료들조차도 그들의 '시혜자'에 겁을 먹어 침묵하곤 했다. 그들은 양순하게 메흐메드 알리에게 조언을 하거나 의견을 내놓곤 했으나, 결코 주도권을 갖거나 정책을 세우지는 못했다. 그들은 또한 '국무'를 맡을 만큼 신뢰받지 못했는데, 왜냐하면 국무란 본질적으로 파샤의 집안일이었기 때문이다. 제2차 시리아 위기의 와중에 메흐메드 알리가 이브라힘 파샤에게 술탄과 협상할 가장 좋은 방법이 무엇인지 상급 지휘관들과 상의해 보라는 편지를 보냈을 때, 아들은 파샤가 이미 알고 있던 대답을 했다. "제가 데리고 있는 장군들은…… 이러한 외부적인 일에 대해서는 지식이 없습니다. 만약 이러한 문제들을 그들에게 이야기한다 해도 아무 경험이 없으므로 어떤 견해도 내놓을 수 없을 것

입니다."(이집트 국립 문서고, 1839g)

이집트에서 안전하게 자리 잡을 최선의 전략으로 충성스러운 가문을 만든다는 아이디어를 가졌던 파샤는, 이제 이 가문의 성원들을 어떻게 통제하고 제어할 것인가라는 문제에 직면하게 되었다. 가부장적 훈계와 조언은 간혹 쓸모가 있었고, 그 밖의 경우에는 단호한 처벌이 필요했다. 그러나 메흐메드 알리는 이런 것이 그저 미봉책이라는 것을 알고 있었고, 그의 정치적 본능은 그에게 좀 더 영속적인 해결책이 필요함을 일깨워 주었다.

메흐메드 알리의 법과 역사에 대한 깊은 이해가 이 지점에서 큰 힘을 발휘하는데, 그가 역사적 선례로부터 배우려고 했다는 것을 보여 주는 유력한 증거가 있다. 그는 이전 왕조의 통치자들, 특히 오스만 인들이 어떻게 법률을 이용하여 지배를 강화했는지 잘 알고 있었다. 오스만 인들은 엘리트 구성원들을 통제하는 것과 함께, 일반 백성들에게는 잉여 생산을 하는 대가로 사법적 정의를 선사함으로써 성공적으로 지배할 수 있었다. 메흐메드 알리는 비록 마흔 살까지는 문맹이었으나 인상적일 정도로 "독서를 많이" 했는데, 특히 역사책을 많이 봤다. 고문들과 번역가들은 여가가 날 때마다 그에게 정례적으로 책을 읽어 주었고, 그의 많은 편지를 보면—특히 아들 이브라힘에게 보낸 편지들에서— 과거에 대한 지식이 현재에 대한 이해를 형성했음을 확연히 볼 수 있다. 그는 당연히 이집트 역사에 대해서는 매우 해박했다. 위에 인용한 사료에서 알 수 있는 것처럼 특히 파라오와 프톨레마이오스 시대에 매료되었고, 맘루크나 오스만 시대에 대해서는 관심이 적었다. 메흐메드 알리가 1820년 설립한 불락Bulaq 인쇄소*의 출판 목록을 보면 그에게 영감을 준 역사적 인물들이 누구인지 한눈에 알 수 있다. 알렉산드로스Alexandros 대왕, 예카테리나Ekaterina 2세, 프리드리히Friedrich 2세, 그리고 물론 나폴레옹이 목록에 들어 있는데, 그들은 모두 메흐메드 알리의 관심의 대상이었다. 메흐메드 알리는 그들이 자신이 맞닥뜨린 것과 비슷한 문제들에 어떻게 대응했는지 알아보기 위해 그들에 대한 전기를 읽었다. 마키아벨리Machiavelli의 『군주론』을 번역해서 출판하자는 제의를 메흐메드 알리가 그 책에서는 배울 게 없는 것 같다며 거절했다는 이야기는 유명하다. 그러면서 그는 이탈리아의 정치 철학자보다는 이븐 칼둔Ibn Khaldun이 더 교훈적이라고 덧붙였는데, 이 이야기는 별로 알려지지 않았다(날리노, 2005, 130쪽).

무엇보다도, 메흐메드 알리는 오스만 역사와 법 운용에 대해, 그리고 오스만 인들— 좁은 의미에서 오스만 왕가—이 백성들인 레아야(아랍어로는 ra'iyya)**의 권리를 침해하지 못하도록 엘리트 성원들, 즉 아스케리 계층을 어떻게 제어했는가에 대해 치밀하게 습득했다. 이 부분에서 오스만 술탄들은 시야사 샤르이야siyasa shar'iyya—이슬람법인 샤리아sharia를 보충하는 법을 군주가 만들 수 있다는 고전 이슬람의 개념—에 의존했다. 오스만 인들은 이렇게 만들어진 법전들을 '카눈qanun'이라 불렀으며, 그러한 입법 행위로부터 시작되어 점점 더 정교해진 법 체

---

* 카이로 근교의 불락 지역에 만들어진 인쇄소로, 당시의 주요 출판물들이 인쇄되던 곳이다.
** 원래 '가축'이라는 뜻으로, 세금을 내는 일반 백성을 의미한다.

제를 시야세트siyaset(아랍어로는 siyasa)라고 불렀다. 그들은 그리하여 공법公法 분야에서 가장 강력한 시야세트로 사법私法 분야에서 가장 지배적인 샤리아를 보완했다.

메흐메드 알리는 이처럼 창의적인 오스만 제국의 법적 실험에 대해 아주 잘 알고 있었다. 그에게 특히 가치가 있었던 것은 카눈나메qanunname라고 불리는 법전들이었으니, 술탄들은 엘리트 성원들이 특권을 남용하고 일반 백성의 권리를 침해하는 것을 막기 위해 계속해서 관련 법을 만들고 있었다. 1840년대가 되면서 파샤는 엘리트 및 백성들과 자신 사이의 여러 측면을 정비하기 위해 많은 법전을 통과시켰다. 이런 법전들은 카눈이라 불렸는데, 이전에는 메흐메드 알리처럼 입법권을 가진 오스만 총독이 없었기 때문에 오스만 이집트에서는 전례가 없는 법전들이었다. 이러한 법전들은 엘리트의 행위 중 뇌물 수수, 근무 태만, 소홀, 명령과 규정의 무시 등을 범죄로 규정하고 그에 해당하는 처벌(대부분은 벌금과 투옥이었고, 신체형은 평민에게만 적용되었다)을 정함으로써 엘리트를 통제하고자 한 것이었다. 동시에 이러한 법전들은 평민이 저지르는 범죄를 규정하고 범죄자에 대한 일정한 처벌을 정했다. 더욱이 전통적인 샤리아 법정과 함께 특별한 법적 기관들이 설립되었고 지방 행정관 혹은 관료적 행정가들이 이 기관들을 맡아 파샤가 제정한 카눈들을 실행했다. 요컨대, 1840년대가 되면서 복합적인 사법 조직이 새로 만들어졌다. 이는 영토 전체에 걸쳐 치안을 확보하는 데 매우 큰 도움이 되었으며, 시야세트에 대한 오스만적인 인식에 고전적 샤리아의 원칙을 혁신적으로 결부시킴과 동시에 샤리아를 세련되게 다루었다는 특징이 있었다. 파샤가 자신의 목적을 이루기 위해 시도한 다른 혁신들과 마찬가지로 이 사법 조직은 결국 시간이 흐르면서 다층적 사법 체제로 발전했으며, 파샤의 의미 있는 혁신 가운데 하나가 되었다.

메흐메드 알리와 이집트 인들

파샤와 투르크어를 사용하는 엘리트 성원들과의 관계가 이집트에서의 불안정한 지위를 확고히 하려는 파샤의 사그라들지 않는 욕망으로 인해 복합적인 성격을 지녔듯이, 백성들, 즉 아랍어를 쓰는 이집트 주민들과의 관계도 역시 복잡했다. 무엇보다도 메흐메드 알리는 궁극적으로 자신의 부의 원천이 이집트 땅의 사람들, 즉 이집트 인들이라는 것을 분명히 인식하고 있었다. 그에게 이집트 농민들, 즉 펠라흐fellah는 그가 어떤 관리에게 자신의 칭호에 대한 언어유희로 언급한 적이 있듯이(사미,[*] 1928, II, 474쪽) 시혜자이자 혜택이었다.

그러나 메흐메드 알리가 이집트 인들을 바라보는 시각에는 뿌리 깊은 이중성이 있었다. 한편으로는 자신이 성취한 부와 권력, 그 모든 것이 자기가 이집트 총독이었기 때문에 얻은 것임을 잘 알고 있었다. 이집트

---

[*] Amin Sami Pasha(1857~1941)는 20세기 초 이집트의 교육자로, 1872년 개교한 국립 사범 대학인 다르 알 울룸의 학장을 지낸 바 있다(이 대학은 나중에 카이로 대학에 통합되었다). 1928년 그는 622년에서 1915년 사이의 이집트 통사를 집필했는데, 군주에게 보여 주기 위한 관변 역사 서술의 성격이 강하다.

는 그에게 우유를 주는 젖소와 같았으며, 위에서 본 바와 같이 그는 이 대단한 지방의 특수한 우수성, 다시 말해서 전략적·지리적 위치와 오랜 역사의 가치를 알아보았다. 더욱이 파샤가 유럽 인 방문객들과 가졌던 수많은 만남에 대한 기록과, 더 중요하다고 할 수 있는 아들 이브라힘 파샤에게 심중을 털어놓은 편지들뿐만 아니라 부하들에게 구두로 불러 준 편지들에서 파샤가 진정으로 백성들을 염려하고 있는 것처럼 보인 다. 이 편지들에는, 1801년 처음 이집트에 와서 목격한 비참하고 몽매 한 상황에 빠져 있는 이집트를 문명의 빛으로 이끄는 것을 자신의 운명 이라고 확신하는 사람으로서의 파샤의 이미지가 잘 나타난다.

다른 한편, 메흐메드 알리가 이집트 인들을 '문명화'하고 그들의 운명 을 개선한다며 추진한 정책들은 어떠한 성과도 거두지 못했다. 오히려 그러한 정책들 때문에 이집트 인들은 전례 없는 빈곤과 고생, 비참을 겪어야 했다. 메흐메드 알리의 독점 정책과 그 정책을 실행하기 위해 취 한 엄격한 조치들은 셀 수 없이 많은 농민 가구를 빈곤으로 밀어 넣었 다. 이는 농민 가구들이 자신들의 노동의 결실을 정부에 팔 때는 값싸 게 팔고 살 때는 더 비싸게 살 수밖에 없는 상황에 몰렸기 때문이다. 농 민들은 전에도 세금 청부업자들multazim의 땅으로 강제 부역을 나가곤 했지만, 메흐메드 알리의 하부 구조 프로젝트들은 매년 그들에게 더 오 랜 기간 동안, 그리고 종종 자기 마을에서 멀리 떨어진 곳에서 노동을 하도록 요구했다. 더욱이 1810년대에 농업 부문을 개조하기 위해 과감 하게 진행된 파샤의 정책으로 인해 많은 농민이 무거워진 세금을 감당 하지 못해 땅을 잃는 지경에 이르기도 했다.

메흐메드 알리의 공장들 또한 거기서 일하는 사람들에게는 말할 수 없는 비참함의 근원이었다. 이러한 공장들은 후대의 많은 관찰자로부터 이집트를 산업 국가로 탈바꿈시켜 줄 잠재력을 가지고 있었다는 찬사를 받았다. 즉, 이러한 공장들이 이집트가 산업화를 추진하는 데 있어서 영국 모델을 따르고, 나중에는 프랑스 모델을 따를 수 있게 해주었다는 것이다. 그들은 또한 시작 단계인 파샤의 산업화 실험이 자국의 산업에 도전이 될까 두려워한 영국이 오스만 제국을 압박하여 1838년에 발타 리마느balta limanı 조약이라는 통상 조약을 맺은 것이라고 덧붙였다. 이 조약은 수입 관세를 5%로 줄이자는 것으로, 이로써 파샤의 새 공장들에겐 꼭 필요했던 관세에 의한 보호막이 없어졌고, 따라서 가능성이 컸던 실험이 붕괴하는 데 발타 리마느 조약이 결정적 역할을 했다는 것이다. 이런 [외적 요인을 강조하는] 주장이 있지만, 이외에도 공장의 기계를 돌리는 데 필요한 목재와 석탄의 공급 부족에서부터 공장을 운영하는 데 필요한 경영과 기술 기법의 부족, 혁신성과 유연성을 틀어막는 명령 계통의 과도한 집중화에 이르기까지 심각한 내부 [조건의] 문제들이 있었다. 그러나 대부분의 역사 서술은 그보다 다음과 같은 요인들이 복합적으로 작용했다고 지적하고 있다. 다수의 노동자가 자기 의지에 반하여 일을 하도록 강제되었다는 사실, 파샤의 부하들이 여성과 아이들까지도 가혹하게 대했다는 사실, 다른 동력원이 없어 때때로 노동자들의 인력을 동력으로 사용했다는 사실, 엄격한 징벌 체계가 공장에 적용되었다는 사실, 파업과 조업 중단이 흔했다는 사실 등이다. 요컨대, 파샤의 산업화 실험이 붕괴된 이유에 대해서는 논란이 있기도 하지만, 모든 자료를 통해 분명히 알 수 있는 것은 이 공장들이 거기서 일하도록 끌려온 3~4만 명의 노동자들에게는 증오의 대상이었다는 점이다.

역설적으로 메흐메드 알리의 교육 정책 또한 인기가 없었다. 파샤는 종종 전국에 많은 학교를 세운 것으로 묘사되고 있다. 이러한 학교에 다니는 농민의 자녀들은 책, 숙식, 옷 등을 모두 무료로 제공받았고 매월 장학금을 받았다. 그러나 자세히 살펴보면 파샤의 교육 정책에는 심각한 문제들이 있었다. 우선 의학, 공학, 농학, 야금술 등을 교육하는 고등 교육 기관인 기술 전문학교가 중등학교나 초등학교가 문을 열기 전에 먼저 만들어지는 바람에 입학할 학생이 없는 구조적 불균형이 일어나면서 교육 정책 전반에 걸쳐 문제가 생긴다. 메흐메드 알리는 대중에게 교육을 확산시키겠다는 생각은 아예 없었고, 한정된 수의 아이들을 교육하여 많은 돈을 주고 데려온 외국인 전문가들의 대체 인력으로 키우는 것에만 관심이 있었기 때문에(이집트 국립 문서고, 1836) 초등학생 수는 매우 적게 유지되었고, 그러다 보니 고등 기술 전문학교에서 필요로 하는 만큼의 학생들을 공급하지 못했다. 그리하여 고등 전문학교들에서 소정의 학업 과정을 다 마치기도 전에 초등학교와 중등학교 학생들을 데려가는 일까지 가끔 일어나곤 했다. 더욱이 학생들이 어떠한 창의적 재능도 그 싹을 틔울 수 없을 정도로 무조건적인 암기를 교수법으로 강조했다. 게다가 모든 학교는 여러 방면에서 군대식으로 운영되었다. 예컨대 아이들을 가정으로부터 빼앗아 오는 방법이 젊은이들을 징집하는 방식을 상기시켰다. 일단 '소집'되고 나면 학생들은 학교에 머물러야 했고 가족과 함께 사는 것은 허락되지 않았다. 교사들은 정기 행사처럼 심한 체벌(대부분 채찍으로 때리는 것)을 가했으며, 학교로부터 도망친 학생과 그 학생의 아버지는 심한 구타를 당했다. 끝으로, 졸업을 하면 학생들은 자기가 원하는 직업을 선택할 자유도 갖지 못한 채 파샤의 기관에서 일해야 했다. 기이한 학교 운영 방식과 학생 충원 방식은 파샤의 교육 정책에 대한 학부모들의 저항을 불러일으키기까지 했다. 심한 경우에는 파샤의 부하들이 자기 자식을 학교로 보내 버릴까 봐 어머니가 자식의 눈을 멀게 하거나 손가락을 자르기까지 했다. 이러한 사건들을 보고받은 메흐메드 알리는 이러한 어머니들 가운데 일부를 나일 강에 익사시키라는 명령을 내렸다(이집트 국립 문서고, 1835).

그러나 다른 무엇보다도 심각한 것으로, 적어도 두 세대에 걸쳐 젊은 이집트 남성에게 전대미문의 참상을 초래한 것은 파샤의 징병 정책이었다. 메흐메드 알리의 육군과 해군에 복무하기 위해 징집된 수만 명의 농민은 억지로 고향에서 끌려 나와 혹독한 훈련을 받았고, 무엇 때문에 싸우는지도 모르는 전쟁이 끝날 때까지 몇 년이고 싸워야 했으므로 차마 말로 할 수 없는 공포에 직면했다. 이미 앞서 언급한 대로, 그들은 피로 무거운 세금을 내는 거나 마찬가지인 이 정책에 저항하기 위해 온갖 수단을 동원했다. 메흐메드 알리에 의해 민중 반란이 잔혹하게 진압된 후, 그들은 강제 징집을 피하기 위해 마을에 숨거나 스스로 몸을 불구로 만들거나 붙잡히면 심한 벌을 받음에도 불구하고 탈영하는 등 절망적인 방법을 썼다.

이와는 대조적으로, 메흐메드 알리의 의료 정책은 이집트 인들에게 유익했던 것으로 증명되었는데 저항을 가장 덜 받은 정책이기도 했다.

위에서 본 바와 같이, 1820년대에 새로운 의료 시설을 도입한 것은 이것이 파샤의 군대를 유지하는 데 필요했기 때문이었다. 그러나 시간이 지나면서 다른 정책들과 마찬가지로 의료 정책은 육군과 해군의 영역을 벗어나 그 자체로서 탄력을 받기 시작했고 그 효과가 민간인의 삶에도 영향을 미치게 되었다. 이러한 과정을 거치면서 의료 정책은 이집트 인들에게 좀 더 받아들일 만한 것이 되었다. 일반인들은 파샤의 의료 혁신이 자신들이 체질적으로 싫어하던 군대와 얼마나 연관되어 있는지에 따라 달리 반응했다. 예컨대 군사적 성격이 강했던 카스르 알 아이니 대학 병원은 신식 의료 시설 가운데 가장 큰 저항을 받은 기관이었다. 또 콜레라와 흑사병 등 전염병을 다루기 위해 도입된 검역 시스템도 엄격한 군사적 기율이 적용되었으므로 완강한 저항을 받았다. 그러나 농민들이 군과 관련된 것이라면 어떤 것이라도 반발한 것과는 대조적으로, 도시와 지방 공동체에 문을 연 소규모 무료 병원들은 주민들, 특히 응급 상황에서 무료 의료 혜택을 받은 적이 있는 사람들에게 비호를 받았다. 마찬가지로 천연두 백신을 전국의 어린이들에게 접종한다는 야심찬 계획도 대체로 성공적이었다. 계획 초기에는 백신 접종이 추후 징병을 위해 아이들에게 문신을 하려는 음험한 계획의 일부일 거라고 생각한 농민들의 저항을 받았다. 그러나 결국, 특히 1841년의 조약으로 군이 해산된 이후 농민들의 공포가 사라지면서 수만 명의 어린아이들이 마을과 거주지의 샤이크의 도움을 받아 성공적으로 접종을 받았다. 이는 영아 사망률을 획기적으로 낮추는 데 일조했다. 끝으로, 경찰이나 군이 아니라 마을의 샤이크들의 도움을 받아 당국은 다시 한 번 3년에 걸쳐 인상적이라고까지 할 정도로 자세한 인구 조사를 했다. 이는 메흐메드 알리가 "우리나라 인구수를 정확히 알아야 문명을 고양시킬 기반을 닦을 수 있다."며(사미, 1928, II, 535~536쪽) 친히 관심을 가진 일이었다.

파샤의 말년

술탄과 화의를 맺고 엘리트와 민중을 통제한다는 두 가지 장기 목표에서 모두 만족할 만한 결과를 얻은 후, 메흐메드 알리는 자신의 7년 남은 삶을 후손들이 더욱더 번영한 나라를 다스릴 수 있게끔 기반을 다지는 데 보냈다.

1844년 메흐메드 알리는 프랑스에 대규모 교육 사절단을 보냈다. 이 사절단이 군사적으로 중요했으므로 군의 참모 총장인 쉴레이만 파샤에게 프랑스로 파견할 70명의 청년을 선발하라는 명령이 떨어졌다. 파리에는 이 학생들을 위한 특수 학교가 세워졌다. 그들 가운데는 미래의 이집트 통치자 두 명이 포함되어 있었는데, 메흐메드 알리의 아들 사이드Said 파샤(출생: 1822, 재위: 1854~1863)와 이브라힘 파샤의 아들 이스마일Ismail 파샤였다(출생: 1830년, 재위: 1863~1879).

그다음 해, 이미 언급한 바와 같이 파샤는 전국적인 인구 조사 실행을 명했다. 이 인구 조사는 단지 가구만 조사한 게 아니라 개개인을 대상으로 했다는 점에서 근대적인 것이었다. 이 인구 조사에 관한 5,300권이 넘는 기록 대장은 이집트 국립 문서고에 보관되어 있으며, 여기에는 가구의 구성, 성별, 연령, 종교, 직업, 종족, 결혼 여부 및 일부다처혼, 이주, 신체 불구 등에 대한 정보가 포함되어 있다. 이 센서스가 완성되기까지 3년이 걸렸는데, 이는 파샤의 행정력이 이집트 사회에 얼마나 깊이 침투해 있었는지를 보여 줄 뿐만 아니라 그 정확성과 자신감의 정도를 웅변하는 증거이다.

1847년 메흐메드 알리는 향후 수 세대 동안 자기 이름과 결부될 엄청난 하부 구조 구축 프로젝트의 초석을 놓았다. 하이집트 지역의 나일강 수위를 조절하기 위해 삼각주의 정점에 구축된 이 프로젝트는 나일하구언 혹은 '은혜로운 댐al-Qanatir al-Khayriyya'으로 불렸다. 이 프로젝트는 10년도 더 전에 제안된 적이 있었는데, 당시 파샤는 기자의 큰 피라미드의 돌을 사용하는 것을 고려했었다고 한다. 그러나 프랑스 인 수석 엔지니어가 이 기상천외한 아이디어를 포기하도록 만류했다. 몇 년 동안 이 프로젝트를 진행할 엄두를 내지 못하던 메흐메드 알리는 다시 관심을 가지게 되었고 이 거대 프로젝트가 자기 생전에 완성되기를 여전히 바랐다.

파샤는 말년에 영국과의 관계가 개선되는 것을 목도했다. 1843년 영국 정부는 감사의 뜻으로 증기선을 한 척 보내기로 결정했다. 이와 함께 빅토리아 여왕은 자신의 초상화를 수여하는 보기 힘든 영예를 선사했다. 파샤는 아들 이브라힘 파샤를 런던과 파리에 보냈는데, 파머스톤 경으로부터 여왕께서 우호적으로 맞이할 것이라는 언질을 듣고서 자기도 영국에 가는 것을 고려해 보기도 했다. 그러나 쇠약해진 건강이 여행길을 가로막았다. 원래도 친근했던 프랑스와의 관계는 더욱 우호적으로 되었고, 그는 루이 필리프Louis-Philippe 왕과 개인적인 친교를 맺었다. 메흐메드 알리는 1845년 루이 필리프 왕이 보낸 시계탑을 자신을 위해 카이로 성채 꼭대기에 건설 중이던 이스탄불 양식의 모스크*의 정원에 설치했다. 이 시계는 원래 알렉산드리아에 있던 두 개의 오벨리스크 중 하나를 프랑스에 선물로 준 것에 대한 보답이었다.

1846년 여름 메흐메드 알리는 오스만 수도 이스탄불로의 처음이자 단 한 번의 여행길에 올랐다. 그는 일흔여섯 살로 오스만 술탄 압뒬메지드보다 세 배나 나이가 많았으며, 말할 것도 없이 젊은 술탄보다 경력이 많고 유명했다. 7월 19일에서 8월 17일에 이르는 한 달 동안의 방문 기간에 메흐메드 알리는 아주 따뜻한 환대를 받았고 지난날의 불편한 감정들은 술탄과 그의 가신 사이에서 잊힌 것처럼 보였다. 그는 모든 권력과 대부분의 재산을 잃은 오랜 숙적 휘스레우 파샤를 예를 갖추어 방문하기까지 했다. 이집트로 돌아오는 길에는 고향 카발라에 들러서 자기가 세운 학교를 방문했다.

이집트로 돌아오고 나서 곧 메흐메드 알리의 기력은 마침내 소진되었으며, 그는 나라를 다스리는 것은 고사하고 더 이상 조리 있는 언행을 할 수도 없었다. 1847년에 정부의 일상 업무는 이브라힘에게 넘어갔는데, 그도 이제 오십 대 후반이었고 건강도 좋지 않았다. 1848년 초 아버지와 아들은 지중해로 요양 여행을 떠났다. 메흐메드 알리를 태운 증기선은 몰타Malta를 거쳐 마르세유로 갈 예정이었으나, 프랑스에서 혁명

* 오늘날 카이로 성채 안의 가장 높은 곳에 자리 잡은 '무함마드 알리(메흐메드 알리)' 파샤 모스크.

이 일어났다는 소식에 나폴리Napoli로 방향을 틀 수밖에 없었고, 거기서 마지막으로 아들을 만났다. 루이 필리프가 폐위되었다는 소식을 듣고 심하게 노망이 난 상태였던 그는 자기 친구를 복위시키기 위해 프랑스에 군사 원정을 감행할 것을 구상했다. 그 와중에 이브라힘은 아버지가 이제 통치하기에는 너무 쇠약해졌다는 이유로 이스탄불에 가서 이집트 총독직을 아버지 대신 받았다. 그러나 겨우 몇 주일 만인 1848년 9월 12일에 사망하고 말았다. 그의 죽음에 대한 소식은 와병 중인 파샤에게는 전해지지 않았다. 한편 아라비아에 머물고 있던 메흐메드 알리의 손자이자 계승 서열 두 번째이던 압바스 파샤는 이집트로 지체 없이 돌아오라는 급한 전갈을 받는다. 1848년 11월 10일 압바스는 이스탄불에서 이집트 총독으로 임명받았다.

메흐메드 알리는 생애 마지막 몇 달 동안 더욱더 심하게 노망이 났고 의사들이 이질 치료를 위해 처방한 질산은은 오히려 건강을 악화시켰다. 가끔 의식이 드는 순간에도 상황 판단을 하지 못했고, 그의 생각은 여전히 뭔가 환상 속의 계획에 머물고 있었으니, 그 가운데 가장 괴상한 것은 중국 침공 계획이었다. 1849년 8월 2일 그의 쇠약해진 몸은 마침내 수명을 다했고 알렉산드리아의 궁에서 정오쯤에 사망했다. 관이 나일 강을 통해 카이로로 옮겨졌다. 나일 강을 굽어보는 카스르 알-닐 Qasr al-Nil 궁전에서 시작된 장례 행렬은 도시를 가로질러 사이다 자이 납Sayyida Zaynab 모스크에 도착하여 기도 행사를 치렀다. 카이로 성채로 올라간 시신은 파샤의 이름이 붙은 모스크에 매장되었다. 장례는 메흐메드 알리의 아들 사이드 파샤가 주도했다. 새 총독인 압바스 파샤를 제외하고 살아 있는 그의 가족은 전부 장례에 참석했다. 그러나 상점들은 문을 닫지 않았으니, 일반 대중은 마치 아무 일도 일어나지 않은 듯이 삶을 영위하길 원하는 것 같았다. 이집트 인 가운데 극소수만이 그들을 거의 반세기에 걸쳐 통치한 사람의 장례 행렬에 참석했다.

1854년 압바스의 죽음 후, 이집트의 총독직은 압바스의 삼촌이자 메흐메드 알리의 아들이며 메흐메드 알리 가문에서 가장 나이가 많은 남성으로 계승 서열이 바로 다음이던 사이드 파샤에게 돌아갔다. 1863년 그가 죽자 이브라힘 파샤의 아들인 이스마일 파샤가 총독직을 계승한다. 이스마일은 새로운 피르만을 이스탄불로부터 얻어 내는 데 성공했는데, 새 피르만은 계승권이 이스마일 직계 안에 머물도록 계승 원칙을 바꾼 것이었다. 그 후 1952년에 가말 압델 나세르Gamal Abdel-Nasser 대령에 의한 군사 쿠데타로 메흐메드 알리 왕조 전체가 무너질 때까지 90년간 이브라힘의 혈통이 이집트를 통치했다.

8

파샤의 다면적 유산

메흐메드 알리가 다스린 43년 동안에 많은 일이 일어났다고 말하는 것은 결코 과장이 아니다. 오스만 제국 내에서만 보더라도 메흐메드 알리는 네 명의 술탄이 바뀌는 동안에 계속 집권하고 있었다. 술탄보다 훨씬 더 많은 수의 대재상이 메흐메드 알리가 이집트에서 권력을 다지며 바쁘게 움직이는 동안에 권좌에 올랐다가 밀려났다. 메흐메드 알리의 숙적이었던 휘스레우 파샤 역시 이들과 비슷한 운명을 겪었다. 이집트에서 제국의 높은 지위에 오르기도 했지만, 메흐메드 알리와는 달리 결국은 모든 것을 잃었고, 1840년 7월에는 부패와 횡령 혐의로 투옥되기까지 했다. 1840년대에 메흐메드 알리는 오스만 제국 전체에서 가장 나이 많고 가장 권력 있고 가장 오래 재임한 관료였다.

파샤의 긴 통치 기간 동안 이집트에서 일어난 변화의 속도와 성격은 무엇보다 중요했다. 가장 중요한 점은 메흐메드 알리가 옛 지배자들인 맘루크 귀족들을 문자 그대로 일소하고 그들 대신에 자기 가족과 거기서 확대된 가문을 중심으로 한 정치 엘리트를 솜씨 좋게 만들어 낸 것이다. 이는 정치적·사회적으로 대단히 중요했다. 그때까지 이집트에서의 권력은 전통적으로 주요 맘루크 가문들에 의해 좌지우지되었고, 이스탄불에서 파견된 총독은 지방 운영에 대한 발언권이 거의 없었다. 이러한 주요 가문들은 경제와 정치권력의 중심으로 작용했을 뿐만 아니라 시인, 건축가, 과학자 등을 후원했다. 그러나 맘루크 가문 정치의 중요 특징이었던 상호 파괴적인 전쟁으로 기력이 소진되었고 권력, 부, 문화가 축적되지 못했다.

메흐메드 알리는 여러 맘루크 가문을 하나의 가문으로 대체하면서 이집트의 정치 지도를 영구히 바꾸었다. 그것은 전국의 모든 잠재적 부를 점진적으로 이스탄불의 지시가 아니라 이집트 국내의 정치적 상황에 따라 만들어진 단일한 정치적 의제에 활용할 수 있게 되었기 때문이었다. 불과 몇 년의 임기에 지나지 않던 전임 총독들과 달리, 메흐메드 알리는 이집트와 그 백성들이 장기간에 걸쳐 축적한 부를 자기 가문을 공고히 하고 자신들의 부를 증진하는 것이 주목적인 프로젝트들에 투자할 시간을 가질 수 있었다. 결과적으로 이집트에서 수 세기 동안 본 적이 없을 정도의 권력의 중앙 집중 현상이 일어났다. 요컨대 강력한 중앙 집권 국가가 탄생한 것이다.

파샤의 긴 통치와 그 기간 중 있었던 많은 극적인 사건을 보면, 그의 유산을 어떻게 평가할 것인가에 대한 의견이 갈리는 것은 당연하다. 메흐메드 알리 생전에도 그의 정책들은 국내에서도 이스탄불과 유럽에서와 마찬가지로 논란이 있었다. 이스탄불에서 카발라 출신 메흐메드 알리 파샤—오스만 관련 자료에서는 이렇게 부른다—는 공포와 조소와 질시와 놀라움의 대상이었다. 오스만 제국의 긴 역사를 통틀어 제국에 가장 위험스런 존재였던 메흐메드 알리는 이스탄불의 재상들에게는 공포의 대상이었다. 그들은 어떻게 이 무명의 파샤가 술탄의 제국의 수도마저 위협하면서 아나톨리아의 심장부로 깊숙이 쳐들어올 만큼 강한 군대를 키우는 데 성공했는지 이해할 수 없었다. 오스만 문서 자료들을 보면, 술탄 마흐무드와 그의 재상들 사이에 오간 서신들에서 술탄의 명을 감히 무엄하게 거역한 이 벼락출세한 자에 대한 혐오와 역겨움이 가득한 것을 알 수 있다. 그런데 다른 한편으로는 자신들이 추구하는 개혁과 중앙 집권화를 자신들보다 먼저 이뤄 낸 메흐메드 알리의 능력에 어느 정도 매료당했음을 알 수 있다. 이리하여 이스탄불에서 1839년에 시작된 중요한 개혁 프로그램으로 법, 재정, 군사 분야에서 개혁을 도입한 것으로 유명한 탄지마트는, 단지 서양의 압력과 영향 때문만이 아니라 좀 더 이른 시기에 메흐메드 알리가 이집트에 성공적으로 도입한 개혁들로부터 영감을 얻은 것으로 볼 수 있다.

이와 비슷하게 메흐메드 알리는 유럽에서도 매혹과 혐오를 모두 불러일으키는 존재였다. 너무 단순하게 말하는 것일지 몰라도, 많은 프랑스 저술가가 자신들이 동양판 나폴레옹이라고 본 이 인물에 매우 흥미를 느꼈다. 메흐메드 알리는 실제로 프랑스 황제 나폴레옹에게서 영향을 받았고 수많은 프랑스 인을 고용했는데, 그중 상당수가 이전에 나폴레옹의 군에 복무한 경력이 있었다. 한편 영국은 메흐메드 알리의 정책을 대영 제국에 대한 심각한 도전으로 보았다. 그리고 그의 군사적 팽창으로 오스만 제국의 존립이 위협받고 있다고 간주했는데, 영국은 오스만 제국을 자신들의 가장 귀중한 해외 재산인 인도에 대한 러시아의 잠재적 공격을 저지하는 요새로 여기고 있었다. 물론 유럽 인들끼리도 분열이 있었다. 예를 들면, 같은 프랑스 인이라도 메흐메드 알리의 수석 의료 자문이었던 클로 베이는 파샤의 통치에 대해 매우 호의적인 기록을 출판했고(클로 베이, 1840), 수의 학교 교장이었던 피에르 아몽Pierre Hamont은 1843년에 매우 비판적인 기록을 내놓았다(아몽, 1843). 이와 비슷하게, 파샤에 대한 동시대의 영국인들의 여론 역시 나누어져 있었다. 예컨대 영국 외상 파머스톤 경은 그를 경멸했는데, 파리에 있는 대사에게 다음과 같이 쓴 적이 있다. "내가 보건대 메흐메드 알리는 단지 무식한 야만인에 불과하다. …… 나는 그가 떠들어 대는 문명이 완전히 사기라고 본다. 내가 보기에 그는 지금까지 인민을 괴롭혔던 그 어떤 폭군이나 압제자 못지않게 지독하다."(템펄리, 1964, 89쪽) 이와는 대조적으로 이집트를 방문했던 많은 영국인 여행자가 메흐메드 알리에게 매혹당했고 긍정적인 기록을 남겼다(미저, 1844; 와일드,* 1844; 와그혼,** 1843; 윌킨

---

* William Robert Wills Wilde(1815~1876)는 아일랜드의 의사이자 문필가로, 오스카 와일드의 부친이다.

** Thomas Fletcher Waghorn(1800~1850)은 영국의 교통/우편로 개척자이다. 오스만 제국보다는 이집트를 도와주어야 하며 메흐메드 알리는 독재자가 아니라 이집트에 문명의 새벽을 연 장본인이라는 의견을 가지고 있었다.

슨,[*] 1843). 가장 특기할 만한 사람으로 존 보링John Bowring을 들 수 있다. 그는 영국의 하원 의원으로, 파머스톤 경이 메흐메드 알리의 행정부와 그토록 큰 군대를 양성할 수 있게 해준 그의 유명한 부의 원천 등에 대해 조사해서 보고하라는 공식 임무를 주며 파견한 사람이다. 존 보링은 파샤에 대한 칭송이 아주 없지는 않은, 매우 자세한 보고서의 초를 잡아 올렸다. 파머스톤 경은 이 보고서가 국회 의원들과 내각에 있는 동료들에게 지나치게 긍정적인 인상을 줄까 봐 그중 상당 부분을 빼 버렸다(보링, 1840; 바틀, 1964).

이집트에서 메흐메드 알리의 유산에 대한 논쟁은 파샤의 통치 당시부터 계속되었다. 예컨대 파샤의 통치 초기 15년을 지켜본 유명한 역사가 압둘라흐만 알 자바르티‘Abd al-Rahman al-Jabarti는, 파샤의 정책들로 인해 도시와 농촌의 빈민들뿐만 아니라 파샤의 물타짐[**]들이 겪은 고생까지도 전부 다 묘사했다. 그러므로 파샤가 자바르티의 『경이‘Aja’ib』[***]라는 역사서를 자신이 새로 세운 출판사에서 출간해 주지 않은 것은 당연하다. 이 기념비적인 역사 저술은 1880년에 가서야 출판되었다.

파샤가 죽은 후에도 한 세기 동안 이집트를 계속해서 다스린 직계 자손들은 당연히 왕조의 창업자에 대한 어떤 비판도 방어하려고 예민하게 반응했는데, 종종 이집트의 좋고 유익한 것은 무엇이든지 메흐메드 알

---

[*] John Gardner Wilkinson(1797~1875)은 여행가이자 이집트학의 개척자이다. 그의 책에는 이집트 여행 경로 등 여행 정보가 많이 담겨 있다.

[**] 여기에서는 '지지자'라는 의미로 쓰인 것으로 보인다.

[***] 원제는 참고문헌의 서지사항에 나오는 대로 ‘Aja’ib al-Athar fi’l-Tarajim wa’l-Akhbar 이다.

리가 창시한 것으로 묘사하곤 했다. 무엇보다도 그들은 메흐메드 알리가 특별한 자질을 가지고 있었다고 주장함으로써, 그에 대한 기억을 모셔 놓을 제단을 마련한 것이나 마찬가지다. 비록 파샤가 생전에 "마호메드[원문대로] 알리는 파샤가 아니다. 그는 아무런 칭호 없이 그냥 마호메드 알리이다. 나는 도장에 마호메드 알리라는 것 말고는 다른 무엇도 파넣은 적이 없다."(영국 국립 문서고, 1826)고는 했지만, 그의 아들 사이드 파샤(재위: 1854~1863)는 정부 공문에서 아버지를 '천국에 계신'이라는 뜻의 페르시아식 칭호 '젠나트마칸jennatmakaan****으로만 지칭하도록 하는 칙령을 내릴 필요가 있다고 느꼈다(이집트 국립 문서고, 1860).

메흐메드 알리에 대한 인식은 파샤의 손자 흐디우Khedive(터키어로는 Hıdiv)***** 이스마일의 시대가 되면서 질적으로 변화하게 된다. 이스마일은 할아버지가 단지 왕조를 개창했을 뿐만 아니라 하나의 '문명'을 창조했다고 항상 주장했다. 1866년에 새로 창설된 의회를 개회하는 연설에서 이스마일은 할아버지가 이집트에 왔을 때 "문명의 흔적이라고는 전혀 찾아볼 수 없었고, 백성들은 안전과 평안을 빼앗긴 상태"였기 때문에 메흐메드 알리는 "백성을 안전하게 하고 나라를 문명화하는 데" 헌신했다고 주장했다(쿠노, 2000과 2005). 이스마일은 할아버지의 개척자적인 노력을 강조하면서 메흐메드 알리를 백성들의 복지 이외에는 아무것

**** 작고한 술탄이나 고위 종교인 등에게 흔히 쓰는 존칭이다.
***** 페르시아어로 부왕副王이라는 뜻으로, 이스마일이 1867년 오스만 술탄에게서 받은 칭호이다. 1914년 제1차 세계대전 개전 후 이집트가 영국의 보호령이 되고부터 이집트의 술탄으로 칭호가 바뀌었다.

에도 관심이 없는 고독한 인물로 묘사하기도 했는데, 이는 파샤 자신이 유럽 인 방문객들과 대화하면서 계속해서 전달하고자 했던 이미지이기도 하다(K. 파흐미, 1998, 38~41쪽).

이와 같이, 백성들에게 이해도 받지 못한 채 낡고 노쇠한 이집트를 모든 장애에 맞서 발전시키려 했던 시대를 앞서 간 고독한 선구자라는 이미지를 만들려고 한 것은, 메흐메드 알리의 생각과 행동을 지배해 온 오스만 제국의 영향을 무시하려는 경향과 이어져 있었다. 19세기 말 민족주의 사상이 부상하면서, 독립한 국민 국가라는 이집트의 지위는 당연한 실체로 간주되었다. 더욱이 그 실체는 억압적이고 이질적인 오스만 제국의 기나긴 통치하에서 독립을 쟁취하려고 오랫동안 싸워 왔다는 것으로 더 분명해졌다. 그리고 이 고귀한 독립을 이루기 위해 사람들을 이끌어야 하는 운명을 타고난 사람이라고 인식된 것이 바로—이제는 아랍어 발음으로 무함마드 알리라고 불리게 된— 메흐메드 알리였다.

메흐메드 알리의 이미지가 왕조의 개창자에서 프로토 내셔널리스트 지도자로 변하게 된 데는 파샤의 증손 푸아드Fouad 왕(재위: 1917~1936)의 역할이 컸다(디 카푸아, 2004). 푸아드 왕은 부계 조상들—메흐메드 알리, 이브라힘, 이스마일—의 활동에 초점을 맞춰 가족의 역사를 서술하고자 야심적인 역사 서술 프로젝트에 착수했다. 푸아드는 유럽의 문서고들에 사절단을 보내 조상들과 관련된 서신들을 골라서 베껴 오도록 했다. 그들이 베낀 문서들을 갖고 카이로에 돌아오면 그것들을 번역하여 원래 기록의 맥락과는 상관없이 연대순으로 배열했다. 왕실의 비호하에 그 문서들은 호화로운 87권 전집으로 출판되었다. 이 출판물을

관통하는 중심 주제는, 메흐메드 알리와 그의 아들 이브라힘 파샤가 이
집트의 독립을 확보하기 위해 군사적·외교적으로 얼마나 분투했는가였
다. 또 푸아드 왕은 카이로 성채 안의 낡은 문서고에 보관되어 있던 문서
들을 자신의 궁으로 옮기게 했다. 이러한 문서들을 목록으로 만들고 번
역하기 위해 유럽의 문서 전문가들이 고용되었고, 그리하여 이른바 왕
립 문서고가 만들어졌다. 이 문서들을 선택하고 목록화하고 번역하면서
이번에도 역시 메흐메드 알리, 이브라힘, 이스마일(압바스와 사이드에 대해
서는 훨씬 덜하다)이 이집트의 왕조적 통치를 강화하기 위해서가 아니라 근
대 이집트 국민 국가를 건설하기 위해 분투한 것이라고 묘사하는 데 주
안점을 두었다. 푸아드 왕이 벌인 증조부 현양 사업 중 대표적인 것으로
식민지 인도를 연구하는 영국 역사학자 헨리 도드웰Henry Dodwell에게
증조부에 대한 연구서를 쓰게 한 것을 들 수 있다. 그 결과로『근대 이집
트의 건설자: 메흐메드 알리 연구The Founder of Modern Egypt: A Study of
Muhammed Ali』가 1931년에 출간되었고, 이는 고전이 되었다. 메흐메드
알리를 주인공으로 하는 이 책의 영향력은 수년 후에 아랍어 번역이 나
오면서 더욱더 커졌다(도드웰, 1931). 런던 대학교 교수였던 도드웰의 메흐
메드 알리 전기는 무게도 있고 신뢰를 받는다. 그러나 그는 자신이 푸아
드 왕에게서 봉급을 받고 있었다는 결정적인 사실을 말하지 않았다. 또
도드웰이 아랍어도 투르크어도 몰랐다는 것을 고려하면 왕궁의 직원들
에게 거의 전적으로 의존했을 수도 있는데, 사료를 제공받기 위해 그들
에게 얼마나 의지했는지도 밝히지 않았다.

  파샤의 이미지는 압둘라흐만 알 라피이'Abd Al-Rahman al-Rafi'i's의

『메흐메드 알리의 통치'Asr Muhammad 'Ali』(알 라피이, 1930)가 출간되면서 상당히 좋아졌다. 직업 정치인이자 이집트의 상원 의원이었던 알 라피이는 다작하는 저술가로, 파샤의 긴 통치에 대한 연구는 여러 권으로 된 '이집트 민족 운동'에 대한 개설서의 한 부분에 불과했다. 1930년 이래 계속 출판된 이 연구에서 알 라피이는 '이집트 국민'을 주인공으로 하고 있는데, 파샤가 이집트 국민들의 이야기에 귀를 기울이고 그들의 삶을 개선하기 위해 노력한 것으로 묘사되어 있다. 알 라피이는 민족 운동을 주요한 분석 단위로 잡았다. 따라서 오스만 제국은 외래의 억압적인 식민주의자로 느껴지고 메흐메드 알리는 오스만의 압제를 떨쳐 내려고 애쓴 것으로 묘사되고 있다. 알 라피이는, 파샤가 영국의 제국주의적 계략을 막아 내려고 노력했다고 보았고 자신이 생각한 프로토 내셔널리스트의 모습과도 잘 맞는다고 판단했다.

1925년에 이집트 대학*이 건립되면서 이집트의 강단 사학자들은, 이집트의 근대화에 왕조의 역할을 지나치게 강조하는 듯한 궁정사가와, 문서 자료를 제대로 사용하지 않고 신문 기사나 여행기에 만족하는 알 라피이 같은 아마추어 역사가들과 경쟁하게 되었다. 강단 사학자 가운데 최고봉이었던 샤픽 고르발Shafik Ghorbal은 수년 동안 유럽 문서고들에서 메흐메드 알리의 이집트에서의 초기 통치와 관련된 문서들을 연구하면서 보냈다. 그 결과물이 『이집트 문제의 발단과 메흐메드 알리의 부상The Beginnings of the Egyptian Question and the Rise of Mehmet Ali』(1928)

---

* 지금의 카이로 대학.

으로, 이는 원래 아널드 토인비Arnold Toynbee의 지도하에 문학사 논문으로 쓰인 것이었다. 이 책에서 고르발은 지도 교수의 '도전과 응전'이라는 개념을 이집트 역사에 적용해 보려고 했다. 그 결과는 19세기 초 이집트에 진정한 동력을 제공한 것은 메흐메드 알리이고 '이집트 국민'은 신기하게도 거의 아무 역할도 하지 않았다는 것이었다. 이집트로 돌아와 첫 이집트 인 역사학 교수가 된 고르발은, 학생들에게 파샤의 긴 통치 기간 동안 사회적으로 어떤 일이 있었는지 연구해 보라고 지시했다. 왕립 문서고에 접근할 수 없었던 알 라피이와는 달리 학생들은 왕궁에 보관된 문서들을 기본으로 논문들을 생산해 냈다. 또 알 라피이가 낭만적인 역사적 주체로서의 '이집트 국민'이라는 개념을 강조한 반면, 이 젊은 학자들은 이집트의 근대화를 가능하게 한 중심으로 핵심적 조직들의 역할을 강조했다. 이는 출판(라드완, 1953), 학교(압둘 카림, 1938; 헤이워스–던, 1938), 산업(알 지리틀리, 1952; M. 파흐미, 1954), 농업(알 힛타, 1936; 베어, 1962; 바라카트 1977) 등이었다. 그러나 그들도 문서고를 아무 제한 없이 이용할 수 있었던 것은 아니었고 메흐메드 알리 시대에 대부분의 문서가 오스만어*로 쓰인 데 비해 그들은 오스만어를 잘 몰랐던 것을 고려하면, 마치 이전에 도드웰이 그랬던 것처럼 그들도 왕립 문서고의 직원들에게 많이 의존했을 것이다. 그 결과 메흐메드 알리를 전부 다 일관성 있게 긍정적으로 조명하는 일련의 연구가 나오게 되었다. 가장 중요한 것은, 파샤의 많은 혁신의 결과로 아랍어를 쓰는 이집트 인들이

---

* 투르크어의 한 종류. 투르크어의 기본 구조에 아랍어, 페르시아어 단어와 구문이 섞인 오스만 시대 공용어이다.

치르게 된 무거운 대가를 전혀 고려하지 않거나 이집트 근대화 과정에서 꼭 필요한 요소였다고 정당화해 버리기까지 했다는 점이다.

흥미롭게도 샤픽 고르발은 후에 메흐메드 알리에 대한 또 하나의 연구를 내놓았다. 『위대한 무함마드 알리Muhammad 'Ali al-Kabir』(1944)는 '위대한' 파샤를 매우 칭송하는 전기였는데, 여기에서 고르발은 메흐메드 알리를 근대 이집트의 창건자로서가 아니라 오스만 제국의 '재건자'로 영광스럽게 그리고 있다. 이 신기한 변화는 좀 더 이른 시기에 출간된 조지 안토니우스George Antonius의 고전 『아랍의 깨어남The Arab Awakening』*(1938)에 큰 영향을 받은 것이었다. 고르발의 연구에서는 메흐메드 알리와 이브라힘 파샤를 아랍어를 사용하는 오스만 제국의 신민 모두를 하나의 정치 체제하에 통일하려는 열망을 가졌던 인물로 묘사하고 있는데, 두 사람 모두 아랍어를 전혀 쓰지 않았다는 것을 전제로 하면 이 주장은 믿기 어렵다. (물론 그들이 아랍어를 전혀 알아듣지 못했다고 생각하기는 어렵지만 말이다.)

1952년 쿠데타가 일어나 메흐메드 알리 왕조를 무너뜨리고 그다음 해 이집트를 공화국으로 선포한 후에, 메흐메드 알리의 역사적 이미지는 또 한 번의 굴절을 겪는다. 비록 혁명 정권이 구체제에 대해서는 소리 높여 반대하는 입장이었지만, 그의 계승자들과는 다르게 메흐메드 알

---

* 조지 안토니우스는 레바논 태생의 아랍 기독교인으로, 메흐메드 알리가 아랍 민족운동을 시작한 것이 아니라고 위의 저서에서 주장했다. 그는 베이루트 아메리칸대학American University in Beirut에서 아랍어로 이루어진 신식 교육, 1차 세계대전 중 메카의 샤리프 후세인이 영국과 동맹하여 일으킨 반란 등을 더 중요시했다.

리에 대해서는 약간의 불명확한 태도를 가졌음이 감지되었다. 한편으로는 혁명 세력이 무너뜨리고자 한 왕조의 창건자였지만, 다른 한편으로는 메흐메드 알리가 근대 이집트의 건설자라는 명제는 비록 마지못해서라지만 받아들여졌다. 예컨대 나세르 정권이 자신들의 이데올로기를 가장 명확하게 천명한 1962년의 국민 헌장에서는 "무함마드 알리를 근대 이집트의 건설자로 보는 것에 대해서는 대체적으로 의견이 일치한다."라고 했다. 그러나 메흐메드 알리는 개인적 모험에만 관심이 있었을 뿐 백성의 복지와 염원에 대해서는 관심을 가진 적이 없었기 때문에 이집트는 큰 대가를 치러야만 했다고도 주장했다(압델 나세르, 1962).

무엇이 잘못되었나

국민 헌장에서는 메흐메드 알리의 개인적인 모험 때문에 외국의 간섭이 가능해졌고 그로 인해 이집트가 각성할 수 있는 시기를 놓쳤다는 점을 강조하면서, 외부에서 보기에는 외국의 압력을 받지 않아 근대화를 이룬 것으로 보이는 일본과 비교하고 있다. 일본과의 이러한 흥미로운 비교는 이 헌장에만 국한된 것이 아니었고, 학술적이건 대중적이건 상관없이 메흐메드 알리에 대한 논의를 할 때 자주 거론되는 주제였다. 이러한 비교의 주목적은, 이집트가 메흐메드 알리 치하에서 일본의 메이지 유신보다 반세기나 먼저 근대화를 시작했는데도 일본이 진보하는 동안 이집트는 왜 낙후했는지에 대한 이유를 설명하려는 것이었다. 이 알쏭

달쏭한 문제에 대한 국민 헌장의 답은 메흐메드 알리가 '국민'을 믿지 못했고 그들의 복지를 무시했다는 것이었다. 이 점에 대해서 국민 헌장은 저명하고 영향력 있는 무슬림 개혁가 무함마드 압두Muhammad 'Abduh가 약 60년 전인 20세기 초에 강력하게 주장한 의견을 따른 것으로 보인다.

메흐메드 알리 집권 100주년에 즈음하여 쓴 재미있는 글에서 무함마드 압두는, 메흐메드 알리가 만약 맘루크와 그들의 지방 동맹자들을 학살하지 않았다면 무슨 일이 일어났을지 의문을 제기했다. 이 흥미로운 의문에 대해 압두는 비록 추측에 지나지 않지만 사려 깊게 답했다. 고유의 중산층이 진화하여 절대 권력을 견제하고 영국 제국주의에 저항하는 거국적 운동을 일으킬 수 있는 계층으로 발전했을 것이라고. 압두의 견해는 다음과 같이 이어진다.

자기편의 군대를 갖고 있었고 본능적인 교활함을 갖춘 메흐메드 알리는 맘루크 주요 지도자들을 박멸했다. 그리고 나서 그는 또 다른 집단을 이용해서 그의 옛 동지들을 꺾었다. 모든 정치적 파벌을 다 이기고 결국 그들 중 어느 누구도 '나'라는 말을 입에 담을 수 없는 지경에 이를 때까지 유력한 맘루크 가문들의 지도자들을 쳐부수는 데 노력을 경주했다. 그는 이러한 행동을 백성들이 완전히 사기를 잃고 모든 용기를 잃게 될 때까지 계속했다. 자기 자신의 가치를 아는 사람은 누구든 머리가 잘려 나가거나 추방되어 낯선 이국에서 죽음을 맞게 되었다. (압두, 1902, 179쪽)

압두는 이집트가 영국의 손아귀에 쉽게 떨어지도록 만든 요인이 바로 메흐메드 알리가 토착 중산층을 뿌리 뽑았기 때문이라고 주장했다. 80년 전에 나폴레옹이 이끄는 프랑스군이 이집트를 점령하려고 했을 때 완강한 저항에 부딪혔던 것과는 달리 1882년에 영국인들은 상대적으로 쉽게 점령했는데, 그것은 메흐메드 알리 정권이 이집트 인들의 활력소였던 높은 자긍심과 독립적인 정신을 절멸시키고 그들의 지도자들을 위협하여 굴복시켰기 때문이라는 것이다.

1961년 파샤의 국내 정책, 특히 농업 정책에 대한 중요한 연구가 영어로 출간되었다. 헬렌 리블린Helen Rivlin의 『이집트에서 무함마드 알리의 농업 정책The Agricultural Policy of Muhammad 'Ali in Egypt』은 파샤의 통치에 대해 매우 비판적인 해석을 제공한다(리블린, 1961). 리블린의 저작은 유럽 영사들의 보고서, 여행기, 그 시대의 아랍어와 유럽 출판물에 기초해 집필되었다. 리블린은 이 책에서 메흐메드 알리의 경제 정책에 대한 다양한 측면의 비판적인 관점을 제공했고, 파샤 정권의 고질적인 부패, 경영 부실, 비능률과 이 정권 아래서 농민들이 얼마나 고통을 겪었는가를 강조했다.

그 후 10년이 지나지 않아 로저 오언Roger Owen의 『면화와 이집트 경제 Cotton and the Egyptian Economy』(1969)가 출간되었는데, 이전에는 알려지지 않았던 많은 통계적 정보를 담고 있다. 이 책은 또한 상업 활동, 농업 실태, 정부 수입의 변동, 그리고 메흐메드 알리와 그 후계자들이 추구한 경제 정책에 대해 냉철하게 분석하고 있다. 오언 가설의 전체적인 주장은, 장섬유 면의 도입이 소득 증대와 무역 증가를 가져왔으나, 새로운 부문의 등장으로 생산에서 다변화가 일어난 것은 아니며 중요한 구조적 변화가 발생하지도 않았다는 것이다. 요컨대, "성장은 있었지만 발전은 없었다."는 것이다. 왜 메흐메드 알리와 그의 후계자들이 자립적 경제 성장을 이룰 수 있는 확고한 토대를 건설하는 데 실패했는가에 대한 답을 찾는 과정에서 오언은, 상업 자본주의 때문이건 산업 자본주의 때문이건 외국의 자본주의 때문에 그러한 결과가 발생했다는 주장에 대해서는 회의적이었다. 짧지만 명료한 결론에서, 그 역시 이집트와 일본을 비교하면서 경제 발전을 목표로 하는 정책들을 입안하는 데 있어서 정부 역할의 차이, 그리고 부존자원의 차이와 같은 요인에 주목했다.

이와는 대조적으로, A. L. 알 사이드 마르소al-Sayyid Marsot는 1984년 출간한 메흐메드 알리에 대한 연구서『무함마드 알리 치하의 이집트 Egypt in the Reign of Muhammad Ali』에서 파샤가 영국의 강력한 저항 때문에 자신의 프로젝트에 성공하지 못했다고 주장했다(알 사이드 마르소, 1984). 이 연구는 무엇보다도 파샤가 국내 생산과 수출을 최대화하고 수입을 최소화하려는 중상주의적인 사고방식에 의해 동기 부여가 되었다고 보았다. 마르소는 이러한 상업적인 태도가 (건전한 원칙에 입각했던 것으로 보이는) 야심적인 산업 정책을 시작하게 만들었고, 또한 군사적 팽창을 하게 한 주원인이었다고 주장한다. 바로 이러한 성공 잠재력 있는 경제 정책들과 나일 강가에 산업 기반을 건설한다는 계획이 영국의 적대감을 불러일으켰고, 동지중해 시장에서 이집트 생산물과 경쟁해야 할지도 모른다는 사실에 놀란 영국이 파샤와 싸워서 그의 영토 팽창 정책을 되돌리고 공장을 닫게 만들겠다고 마음먹었다는 것이 마르소의 주장이다. 이는 오스만 제국과 1838년에 제국 전역에 걸쳐 독점을 금지하여 파샤가 신생 산업을 보호하기 위해 시도했던 주요 수단 중 하나를 무력화시키는 통상 조약*을 맺음으로써 가능해졌다는 것이다. 또 마르소는 마지막 치명타는 이집트에서 식민지들을 떼어 내고 군대를 그 이전의 10분의 1 규모로 줄여 버린 1841년의 피르만이었다고 주장한다. 식민지 시장과 군대의 상실로 이집트에 산업 기반을 구축하려던 파샤의 꿈이 좌절되었다는 것이다. 마르소는 이집트의 산업화는 실패할 운명이었는데, 그것은 이집트 인들이 잘못해서가 아니라 유럽 인들이 이집트에 대한 오스만의 법적인 통제를 수단으로 하여 자신들의 산업에 경쟁이 될 수 있는 모든 것을 없애 버리려고 압력을 행사했기 때문이라고 결론지었다(알 사이드 마르소, 1984, 259쪽).

비록 이치에 닿는 것처럼 보이지만, 메흐메드 알리의 제조업 실험이 실패한 것이 단순히 1838년에 체결된 조약 때문이었다는 설명은 많은 질문에 대한 충분한 대답이 되지 못한다. 우선 한 예를 들자면, 오언이 이전에 했던 연구(오언, 1981, 75쪽)에서 주장한 바와 같이, 파샤가 1837년에 공장을 폐쇄하기 시작했다는 증거가 있는데, 이는 문제의 조약을 조인調印하기보다 만 1년 앞서는 것이다. 또 메흐메드 알리의 공장들은 살아남기 위해 높은 보호 관세를 필요로 하지 않았으니, 파샤는 산업을 보호하기 위해 여러 가지 행정적 수단을 마음대로 쓸 수 있었고, 이러한 수단들을 1838년 이후에도 포기한 적이 없다. 더욱이 제6장 말미에

---

* 1838년의 발타 리마느 조약. 낮은 관세율을 고정하고 오스만 제국 내의 모든 독점을 폐지했으며 외국 상인의 내지 출입을 허용했다.

서 언급한 것처럼, 메흐메드 알리는 1838년 조약의 조건들을 이행해야 하고 군대를 18,000명까지 감축시켜야 한다는 1841년 피르만의 조건을 알게 되었을 때 어떠한 반대도 하지 않았다. 그보다는 1841년 2월에서 5월까지 넉 달 동안 파샤의 마음에 계속해서 자리 잡고 있던 것은 자기가 죽은 후 가족이 왕위를 계승하도록 만들 조건들이었다. 만약 메흐메드 알리가 1838년 조약이 제조 산업에 미칠 영향에 대해 우려하고 있었다면, 그리고 그가 계승권 지명의 조건을 바꾸려고 애쓴 만큼 노력했다면, 1841년 피르만의 조건들을 바꿀 수도 있었을 것이라고 추측하지 않을 수 없다.

더욱이 마르소는 이집트 문서 자료들을 자신의 주장을 뒷받침하기 위해 사용했는데, 그 문서들이 애초에 어떻게 선택되고 조작되었는지에 대해서는 충분한 주의를 기울이지 않았다. 비록 그녀가 이러한 서류들을 이집트 국립 문서고에서 보았다고 하더라도 그 문서들이 선택되고 목록화되고 오스만어에서 아랍어로 번역된 방식은 그 문서들이 왕궁으로부터 옮겨졌을 때부터 변하지 않았다. 1930년대와 1940년대에 메흐메드 알리가 펼친 다양한 정책의 여러 측면에 대해 연구했던 그 이전 세대의 이집트 민족주의 역사가들과 마찬가지로, 마르소는 푸아드 왕의 문서고 관리자들이 가장 긍정적인 관점에서 파샤의 통치를 보려고 조심스레 선택해 놓은 문서 컬렉션에 크게 의존했다. 끝으로, 마르소가 파샤 통치 동안 농민들이 치른 무거운 사회적 비용 문제를 소홀히 다루고 있는 것은 부분적으로는 이와 같이 이미 조심스럽게 선택된 문서 자료의 성격 때문인 것으로 설명할 수 있다(앗 사이드 마르소, 1984, 243~244 및 261쪽).

1980년대에 파샤 통치의 여러 측면을 조명한 새로운 문서 자료들이 발견되면서, 거의 찬양 조에 가까웠던 파샤에 대한 전통적인 관점에 대해 의문이 커졌다. 파샤의 행정력 밖에 있었던 샤리아 법정 문서는 1930년대에 푸아드 왕이 왕립 문서고를 만들었을 때에도 이관되지 않고 이전의 문서 저장고에 보관되어 있었다. 1970~1980년대부터 역사가들이 이 법정 기록들을 쓸 수 있게 되었는데, 이 기록들은 16세기부터의 사회적·문화적·경제적 삶의 여러 측면에 대한 새로운 정보를 주는 주요한 자료가 되었다. 주디스 터커Judith Tucker는 이 기록들을 1985년 출간한 『19세기 이집트 여성Women in Nineteenth-Century Egypt』이라는 책에서 사용했는데, 그 덕분에 19세기 전반부에 추구된 경제 정책들의 결과로 여성과 가족이 겪게 된 고난에 대해 자세히 묘사할 수 있었다. 같은 자료들을 써서 케네스 쿠노Kenneth Cuno는 파샤의 정책들이 농민들에게 미친 영향을 아주 자세하고 생생하게 묘사했고 메흐메드 알리가 토지의 사유 재산제를 도입했다는 전통적인 주장을 확실하게 수정할 수 있었다(쿠노, 1992).

아랍어와 투르크어를 모두 구사하는 근래의 역사학자들은 푸아드 왕의 문서고 관리자들이 남긴 조작된 혹은 틀린 번역의 문제를 극복해 나가게 되었다. 그 결과로 나온 것이, 이전 세대의 역사가들이 주목하지 않았던 파샤의 통치와 관련하여 다양한 측면에서 새로운 관점을 제공하는 일련의 저작들이었다. 그 가운데 하나가 법률 개혁으로, 이집트에서의 법률 개혁이 오스만 제국 전체에서 이루어진 법률 및 사법 분야에서의 혁신과 깊은 관련이 있었다는 새로운 설이 등장했다(피터즈, 2005,

133~141쪽). 이러한 새로운 자료들은 또한 역사가들이 파샤의 정책으로 말미암아 이집트 인들이 치른 값비싼 대가를 강조할 수 있게 해주었다 (K. 파흐미, 1997 및 1998; 쿤케, 1990도 참조; 손볼, 1991과 대조됨). 이집트 국립 문서고와 카이로에 있는 다른 문서 저장소에 보관되어 있는 문서 자료를 이용하여 쓴 로버트 헌터Robert Hunter의 1984년 작 『흐디우 치하의 이집트Egypt Under the Khedives』는 관료제의 형성과 직업적인 공무원의 부상을 조명하는 데 있어서 대단한 가치가 있는 저작이다(헌터, 1984).

파샤의 산업 정책과 관련한 파스칼 가잘레Pascale Ghazaleh의 연구『업계의 장인들: 카이로의 수공업과 수공업자들, 1750~1850Masters of the Trade: Crafts and Craftspeople in Cairo, 1750-1850』은, 파샤의 산업 시설을 엿보고 비틀어 열어 본 최초의 시도였다(가잘레, 1999). 1823년이라는 연도가 붙은 어느 공장의 봉급 지불 장부 하나에 의지하여, 가잘레는 이러한 공장들의 노동 조건에 대해 여태껏 나온 것 중 가장 세밀하게 설명하고 있다. 비록 책의 두께는 얇지만 가잘레의 분석은 신뢰가 가는 중요한 결론을 제시한다. 즉, 노동자들을 강제로 공장에서 계속 일하게 하기 위해 시장의 힘만이 아니라 추가적으로 항상 엄혹한 경찰력이 동원되었으므로 이러한 산업 시설에서의 노동은 자유로운 노동이 아니었다는 것이다.

메흐메드 알리에 대한 역사 서술은 파샤의 시대를 넘어 지금도 유효한 의문들에 의해 되살아났고 여전히 활기를 띠고 있다. 그러한 의문들은 다음과 같은 것이다: 이집트는 농업국가에서 산업국가로 어떻게 변화할 것인가? 국가가 경제 발전을 이끌어야 하는가? 개혁과 근대화의 과정에서 종교는 어떤 역할을 해야 하는가? 이와 같은 우리 시대의 가볍지 않은 의문들 뒤에는 더 큰 의문이 도사리고 있다. 즉, 과거에 무엇이 잘못된 것이었나 하는 의문이다. 가장 일찍 가장 야심 차게 추진된 국가 주도 개혁 중 하나가 극적인 종말에 이른 것에 대해, 일부 역사가들은 그 책임을 온전히 영국과 영국의 제국주의 전략 탓으로 돌렸다. 다른 역사가들은 조만간 그 자체만으로도 개혁 시도에 종지부를 찍었을 내부적 문제들을 강조했다. 이러한 것들은 아무리 문서 조사를 많이 해도 풀어낼 수 없는 정치적 의문들이다. 예컨대, 후세 사람들이나 국가 전체에 대한 혜택이 어찌 되었든 간에 파샤의 통치 동안 이집트 국민이 치러야 했던 사회적 대가가 너무 컸다고 생각할 사람도 항상 있을 것이고, '국가'가 근대화된다면 어떠한 대가도 정당화될 수 있다고 생각하는 사람도 역시 항상 있을 것이다.

이 모든 의문이 대단히 흥미롭지만, 그것들은 궁극적으로는 하나의 잘못 만들어진 의문을 다루고 있다. "메흐메드 알리의 실험에서 무엇이 잘못된 것인가?" 사실상 아무것도 잘못되지 않았다는 단순한 이유로 이 의문은 성립하지 않는다. 오스만 제국의 맥락 속에서 파샤가 생각하고 행동했다는 사실을 무시하는 경우에만, 또한 민족주의가 당연한 것으로 간주되는 시대에나 적합한 질문들을 전혀 다른 시대에 살았던 파샤에게 강요하는 경우에만, 파샤의 프로젝트가 실패로 보이는 것이다. 그러나 이 책에서 보여 주려고 했던 바와 같이, 파샤는 사실상 자기가 노력한 일들을 꿈에서나 생각할 수 있을 만큼 충분히 이루었다. 돈도 없고 군대에서 공을 세운 것도 아니고 유명한 조상도 없고 아랍어도 모르고, 거기에 그를 품어 주고 보호해 줄 만한 이스탄불에 사는 유력한 후원자 하나 없는 미숙한 젊은이가, 19세기 초에 이집트에 와서 오랜 기간 총독으로 재임하면서 이러한 모든 심각한 악조건을 극복하고 오스만 제국에서 부유한 지방으로 손꼽히는 이집트의 유일하고 정당한 통치자로 남았다. 카발라의 한미한 출신인 그는 이집트에 오자마자 예리한 정치가로 변신하고자 도전했다. 육십 대가 되어 그는 또다시 변신했으니, 국제 정치가의 역할을 하면서 모든 난관을 이겨 내고 당시의 주요 열강에서 정당성을 인정받은 새로운 이집트 왕조를 건설하는 데 성공했다. 그의 죽음 이후 이 왕조는 이집트를 100년간 더 통치했다. 즉 이집트를 차지하고 후손들에게 물려줄 직위를 만들어 낸다는 필생의 숙원을 이룬 것으로 메흐메드 알리는 평생의 성취에 만족할 이유가 충분했다.

슬프게도 수백만의 이집트 사람들의 경우에는 이야기가 전혀 다르다. 메흐메드 알리가 성취한 것들의 직접적인 결과로 이들은 엄청난 어려움과 고통을 겪어야 했기 때문이다. 처음 이집트에 올 때부터 이들의 삶을 개선시키겠다는 의도를 갖고 있었던 것은 아니었지만, 시간이 흐르면서 메흐메드 알리는 자기가 바로 그런 일을 할 운명이라고 생각하게 되었다. 그의 이러한 자기 인식에도 불구하고, 아랍어를 쓰는 그의 이집트인 신민들이 이전에 선조들이 수백만 년은 아니라도 수백 년 동안 겪었던 것보다도 훨씬 더 고생했다는 강력한 증거가 있다. 메흐메드 알리의 개혁 중에서 일반 백성에게도 이익이 되었던 것은 그들에게까지 우연히 파급된 무료 의료 서비스뿐으로, 그것만으로 메흐메드 알리의 다른 혁신들이 가져온 참상을 만회하기에는 역부족이었다. 메흐메드 알리의 중과세, 독점, 강제 노동, 징집 등은 그 실행과 지속에 있어서 전례를 찾을 수 없을 정도로 가혹했다. 거의 50년 동안 이집트 인들은 메흐메드 알리의 가혹한 정책들에 자기들이 쓸 수 있는 유일한 수단, 즉 육체적 수고와 집단적 의지로 항거했는데, 그들은 민중 반란, 마을로부터의 도주, 군대와 학교와 공장에서의 탈주, 관료들에 대한 공격, 그리고 가장 극적으로는 자기 몸을 불구로 만들어 파샤가 노동의 이득을 보지 못하게 하는 등의 방법을 썼다. 그렇다 보니, 드디어 메흐메드 알리가 죽었을 때 그의 이집트 신민들이 장례 행렬에 거의 참석하지 않은 것은 그다지 놀라운 일이 아니었다.

참고문헌

문서 자료

British National Archives, F.O. 78/89, Salt, 20 April 1817.

British National Archives, F.O. 78/147, Salt, 24 September 1826.

British National Archives, F.O. 78/160, Salt, 30 June 1827a.

British National Archives, F.O. 78/160, Salt, 3 March 1827b.

Egyptian National Archives, Dhawat, carton no. 1, doc. no. 2, 21 Dhual-Hijja 1226/6 January 1812.

Egyptian National Archives, Bahr Barra, carton no. 3, doc. no. 6, 30 Muharram 1228/2 February 1813.

Egyptian National Archives, Maʿiyya Saniyya, reg. no. S/1/50/2 (old no. 10), doc. no. 340, 19 Dhu al-Qaʿda 1237/8 August 1822.

Egyptian National Archives, Maʿiyya Turki, reg. no. 139, letter no. 97, 19 Jumada I 1251/12 September 1835.

Egyptian National Archives, ʿAbdeen, reg. 212, doc. no. 277, 29 Dhual-Hijja 1251/16 April 1836.

Egyptian National Archives, ʿAbdeen, reg. S/5/47/2 (old no. 6), letter no. 149,

26 Rabi' II 1255/9 July 1839a.

Egyptian National Archives, 'Abdeen, reg. S/5/47/2 (old no. 6), letter no. 208, 5 Jumada II 1255/16 August 1839b.

Egyptian National Archives, Sham, carton no. 48 (old no. 'Abdeen 258), letter no. 53, 24 Jumada II 1255/4 September 1839c.

Egyptian National Archives, 'Abdeen, reg. S/5/47/2 (old no. 6), letter no. 212, 12 Jumada II 1255/23 August 1839d.

Egyptian National Archives, Sham, carton no. 48 (old no. 'Abdeen, 258), letter no. 53, 24 Jumada II 1255/4 September 1839e.

Egyptian National Archives, 'Abdeen, reg. S/5/47/2 (old no. 6), letter no. 256, 11 Sha'ban 125/20 October 1839f.

Egyptian National Archives, Sham, carton no. 49, (old no. 'Abdeen 258), letter no. 140, 19 Sha'ban 1255/28 October 1839g.

Egyptian National Archives, 'Abdeen, reg. S/5/51/10 (old no. 214), letter no. 466, 2 Rajab 1256/30 August 1840.

Egyptian National Archives, 'Abdeen, reg. S/5/54/5 (old no. 8), letter no. 39, 6 Muharram 1257/28 February 1841a.

Egyptian National Archives, 'Abdeen, reg. S/5/54/5 (old no. 8), letter no. 40, 7 Jumada I 1257/27 June 1841b.

Egyptian National Archives, Diwan Madaris, carton no. 2, doc. no. 69, on 4 Jumada II 1259/2 July 1843.

Egyptian National Archives, Diwan al-Jihadiyya, reg. M/14/1, Exalted Order to al-Qal'a al-Sa'idiyya, p. 2, no. 5, 4 Ramadan 1276/26 March 1860.

동시대 자료

'Arif, Mehmed (Bey). "*'Ibar al-Bashar fi al-Qarn al-Thalith 'Ashr*", MS, Egyptian National Archives, Abhath, carton no. 149 (2 vols.).

Bowring, John. "Report on Egypt and Candia." *Parliamentary Papers*, v. 21, 1840, 1–236.

Clot Bey, Antoine B. *Aperçu general sur l'Egypte*. Paris: Fortin, Masson,

1840 (2 vols.).

Hamont, P. N. *L'Egypte sous Méhémet Ali*. Paris: Leautey et Lecointe, 1843 (2 vols.).

Al-Jabarti, 'Abd al-Rahman. *'Aja'ib al-Athar fi'l-Tarajim wa'l-Akhbar*. Ed. and trans. Thomas Philipp and Moshe Perlmann. Stuttgart: Steiner, 1994 (4 vols.).

Lindsay, A. W. C. *Letters on Egypt, Edom, and the Holy Land*. London: Henry Colborn, 1838 (2 vols.).

Madden, Richard. *Egypt and Mohammed Ali*. London: Hamilton, 1841.

Measor, H. P. *A Tour in Egypt, Arabia Petræa and the Holy Land in the Years 1841–2*. London: Rivington, 1844.

Paton, A. A. *History of the Egyptian Revolution*. London: Trubner, 1863 (2 vols.).

Pückler-Muskau (Prince). *Egypt under Mehemet Ali*. Trans. H. Evans Lloyd. London: H. Colburn, 1845 (2 vols.).

Sami, Amin. *Taqwim al-Nil*. Cairo: Dar al-Kutub, 1928 (3 vols.).

St. John, J. A. *Egypt and Mohammed Ali*. London: Longman, 1834 (2 vols.).

Scott, C. R. *Rambles in Egypt and Candia*. London: Henry Colborn, 1837 (2 vols.).

Waghorn, Thomas. *Egypt in 1837*. London: Smith Elder, 1837.

Al-Waqa'i' al-Misriyya, issue no. 3, 29 Jumad al-Thani 1244/6 January 1829.

Wilde, W. R. *Narrative of a Voyage in ... Algiers, Egypt, Palestine, etc.* Dublin: William Curry, 1844.

Wilkinson, J. G. *Modern Egypt and Thebes*. London: John Murray, 1843.

연구서와 논문

'Abd al-Karim, Ahmed I. *Tarikh al-Ta'lim fi 'Asr Muhammad 'Ali (History of Education in the Reign of Mehmed Ali)*. Cairo: al-Nahda al-Misriyya, 1938.

Abdel-Nasser, Gamal. *al-Mithaq (The Charter)*. Cairo: Dar al-Ta'awun,

1962.

'Abduh, Muhammad. "Athar Muhammad 'Ali fi Misr." *Al-Manar*, v. 5, pt. 5, 7 June 1902, 179.

Antonius, George. *The Arab Awakening: The Story of the Arab National Movement*. London: Hamish Hamilton, 1938.

Baer, Gabriel. *A History of Landownership in Modern Egypt, 1800–1950*. Oxford: Oxford University Press, 1962.

Barakat, 'Ali. *Tatawwur al-Milkiyya al-Zira'iyya fi Misr wa Atharuhu 'ala al-Haraka al-Siyasiyya (Development of Landownership in Egypt and its Impact on the Political Movement)*. Cairo: Dar al-Thaqada al-Jadida, 1977.

Bartle, G. F. "Bowring and the Near Eastern crisis of 1838–1840". *The English Historical Review*, v. 79, 1964, 761–774.

Cuno, Kenneth. *The Pasha's Peasants: Land, Society, and Economy in Lower Egypt, 1740–1858*. Cambridge: Cambridge University Press, 1992.

——. "Muhammad Ali and the decline and revival thesis in modern Egyptian history". In Raouf Abbas, Ed. *Islah am Tahdith? Misr fi 'Ahd Muhammad Ali (Reform or Modernization? Egypt in the Reign of Mehmed Ali)*. Cairo: al-Majlis al-A'la lil-Thaqafa, 2000, 93–119.

——. "Constructing Muhammad Ali", *al-Ahram Weekly*, 10–17 November 2005.

Di Capua, Yoav. "The thought and practice of modern Egyptian historiography, 1890–1970". PhD dissertation, Princeton University, 2004.

Dodwell, Henry. *The Founder of Modern Egypt: A Study of Muhammad 'Ali*. Cambridge: Cambridge University Press, 1931.

Douin, Georges, ed. *La Mission du Baron de Boislecomte, L'Egypte et la Syrie en 1833*. Cairo: Royal Egyptian Geographical Society, 1927.

Fahmy, Khaled. *All the Pasha's Men: Mehmed Ali, His Army and the Making of Modern Egypt*. Cambridge: Cambridge University Press, 1997.

——. "Medicine and power: towards a social history of medicine in nineteenth- century Egypt". *Cairo Papers in the Social Sciences*, v. 23, 2000, 1–45.

——. "Women, medicine and power in nineteenth-century Egypt". In Lila Abu Lughod, ed. *Remaking Women: Feminism and Modernity in the Middle East*. Princeton: Princeton University Press, 1998, 35–72.

Fahmy, Mustafa. *La Révolution de l'industrie en Égypte et ses consequences sociales au 19e siècle (1800–1850)*. Leiden: Brill, 1954.

Ghazaleh, Pascale. "Masters of the trade: crafts and craftspeople in Cairo, 1750–1850". *Cairo Papers in Social Sciences*, v. 22, 1999.

Ghorbal, Shafik. *The Beginnings of the Egyptian Question and the Rise of Mehemet Ali*. London: Routledge, 1928.

―――. *Muhammad 'Ali al-Kabir (Mehmed Ali the Great)*. Cairo: Da'irat al-Ma'arif al-Islamiyya, 1944.

Heyworth-Dunne, J. *An Introduction to the History of Education in Modern Egypt*. London: Frank Cass, 1938.

Al-Hitta, Ahmed. *Tarikh al-Zira'a al-Misriyya fi 'Ahd Muhammad 'Ali al-Kabir (History of Egyptian Agriculture in the Reign of Mehmed Ali the Great)*. Cairo: Dar al-Ma'arif, 1936.

Hunter, F. Robert. *Egypt Under the Khedives, 1805–1879: From Household Government to Modern Bureaucracy*. Pittsburgh: University of Pittsburgh Press, 1984.

Al-Jiritli, 'Ali. *Tarikh al-Sina'a fi Misr fi al-Nisf al-Awwal min al-Qarn al-Tasi' 'Ashr (History of Industry in Egypt in the First Half of the Nineteenth Century)*. Cairo: Dar al-Ma'arif, 1952.

Kuhnke, Laverne. *Lives at Risk: Public Health in Nineteenth-Century Egypt*. Berkeley: University of California Press, 1990.

Kutluoğlu, Muhammed. *The Egyptian Question (1831–1841)*. Istanbul: Eren, 1998.

Murray, Charles A. *A Short Memoir of Mohammed Ali*. London: Quaritch, 1898.

Nallino, Maria. "Some notes on two Arabic translations of Machiavelli's *The Prince*". In *al-Ishamat al-Italiyya fi Dirasat Misr al-Haditha fi 'Asr Muhammad Ali (Italian Contribution to the Study of Modern Egypt in the Reign of Mehmed Ali)*. Cairo: al-Majlis al-A'la lil-Thaqafa, 2005.

Owen, E. R. J. *Cotton and the Egyptian Economy, 1820–1914: A Study in Trade and Development*. Oxford: Clarendon Press, 1969.

―――. *The Middle East in the World Economy, 1800–1914*. London: Methuen, 1981.

Peters, Rudolph. *Crime and Punishment in Islamic Law*. Cambridge:

Cambridge University Press, 2005.

Radwan, Abul-Futuh. *Tarikh Matba'at Bulaq (The History of the Bulaq Press)*. Cairo: al-Matba'ah al-'Amiriyyah, 1953.

Al-Rafi'i, 'Abd al-Rahman. *'Asr Muhammad Ali (Mehmed Ali's Reign)*. Cairo: n.p., 1930.

Rivlin, Helen. *The Agricultural Policy of Muhammad Ali in Egypt*. Cambridge, Mass.: Harvard University Press, 1961.

Al-Sayyid Marsot, Afaf L. *Egypt in the Reign of Muhammad Ali*. Cambridge: Cambridge University Press, 1984.

Sonbol, Amira. *The Creation of a Medical Profession in Egypt, 1800–1922*. Syracuse: Syracuse University Press, 1991.

Temperley, H. W. V. *England and the Near East: The Crimea*. London: Longman, 1964.

Tucker, Judith. *Women in Nineteenth-Century Egypt*. Cambridge: Cambridge University Press, 1985.

Tugay, Emine F. *Three Centuries: Family Chronicles of Turkey and Egypt*. London: Oxford University Press, 1963.

찾아보기

ㄱ

가말 압델 나세르 174, 186
가문 39, 109, 131, 161, 176
가잘레, 파스칼 193
가족묘 79, 82, 89
갈리, 무알림 100, 101
개혁 42, 96, 121, 122, 124, 130, 133,
    146, 158, 177, 192~195
경제 정책 70, 81, 188, 189, 192
    상업, 부역, 면화, 공장, 금융, 독점도
    보시오.
고르발, 샤픽 183~185
공장 95, 107, 108, 112, 127, 144, 145,
    166, 167, 189, 190, 193, 196
관료/관료계/관료제 63, 84, 87, 88,
    100, 105, 133, 143, 157~160, 163,
    175, 193, 196
교육 정책 167, 168
군사 정책 126, 136
    징집도 보시오.

궁/궁전 95, 102, 104, 113, 119, 125,
    128, 173, 182
그리스 107, 129, 134, 143, 146
그리스 독립 전쟁 116~125
금융 144

ㄴ

나일 강 28, 69~71, 73, 95, 101, 118,
    144, 168, 171, 173, 189
나즐르(메흐메드 알리의 딸) 35, 79, 80,
    91, 92
나폴레옹 15, 27, 36, 38, 39, 41, 110,
    162, 177, 188
나폴레옹 전쟁 69
네집 에펜디 87, 133
넬슨, 허레이쇼 41
농민 38, 59, 81, 82, 91, 109~116, 126,
    136, 164, 165, 167~169, 181, 191,
    192

농업 25, 76, 81, 82, 98, 116, 165, 184, 188
누스레틀리 31, 34, 35, 40
니잠 으 제디드 41, 42, 45, 96, 97

ㄷ

다르이야 89
다마스쿠스 137, 138
대재상 26, 36, 43~45, 75, 122, 139, 149, 159, 175
대제독 40~42, 44, 45, 56, 67, 75, 96, 120, 149
도드웰, 헨리 182, 184
독립 117, 119, 124, 141, 142, 146, 147, 181, 182
독점 70, 81, 98, 108, 113, 127, 143, 165, 190, 196
동방문제 18
드라마 31, 34, 80

ㄹ

라즈올루 75, 92~94, 97, 101, 104, 110, 116, 133
알 라피이, 압둘라흐만 182~184
라티프 아아 85, 93, 94, 96
러시아/러시아인 73, 119, 123, 124, 135, 136, 140, 142, 152, 153, 178
루멜리아(발칸 반도) 26, 28, 29, 36, 140
리블린, 헬렌 159, 188

ㅁ

마키아벨리, 니콜로 162

마흐무드 2세 78, 86, 87, 89, 95, 96, 117, 121, 122, 124, 125, 133, 139, 140, 143, 148, 177
마흐무디야 운하 95
맘루크 12~16, 38~40, 43~47, 49~58, 61, 65, 67, 68, 70~79, 81, 90, 100, 102, 122, 128, 161, 176, 187
메디나 36, 50, 51, 72, 85, 86, 93, 153
메카 36, 72, 86, 87, 153, 159
메흐메드 라즈올루 → 라즈올루를 보시오.
메흐메드 셰리프 파샤(메흐메드 알리의 조카) 80, 143, 159
면화 108, 109, 115, 118, 127, 144, 188
모레아 107, 117
무라비에프 장군 140
무알림 갈리 → 갈리, 무알림을 보시오.
무역 32, 35, 39, 70, 76, 81, 90, 144, 188
무함마드 베이 알 알피 → 알피를 보시오.
무함마드 알 마흐루키 70, 84
무함마드 압두 187, 188
물타짐 91, 179

ㅂ

알 바르디시(우스만 베이) 44, 52, 54, 55
반란 49, 54, 64, 66, 77, 84, 96, 113, 114, 116~118, 120~124, 143, 144, 146, 154, 168, 196
발타 리마느 조약 166, 190
백신 169
법/법률 155, 158, 161~163, 177, 192
법전 162, 163
베두인 족 38, 49, 61, 96, 97, 115
베이루트 144, 154
병원 107, 112, 127, 169

보고스 유수피안 69, 98, 99, 100, 154
보나파르트 → 나폴레옹을 보시오.
보링, 존 179
봉기 113, 119
부역/노역 95, 109, 112, 113, 115, 126,
  165
불락 인쇄소 162
빅토리아 여왕 171

ㅅ

사우디 72, 88~90
알 사이드 마르소 141, 189~191
사이드 파샤(메흐메드 알리 파샤의 아들)
  170, 173, 174, 180
산업 129, 144, 184, 189, 190, 191, 193
  면화, 공장, 독점도 보시오.
산업화 166, 190
삼각주 28, 38, 46, 47, 58, 69, 81, 90,
  95, 108, 113, 171
상업 32, 70, 69, 98~100, 105, 120,
  188, 189
상이집트 38, 46, 58, 65, 76, 81, 90,
  91, 110, 113
샤리아 162, 163, 192
샤이크 50, 51, 60, 65, 66, 68, 87, 113,
  169
성채 25, 47, 52, 54~57, 59, 60, 69,
  74~76, 79, 94, 97, 103, 104, 126,
  128, 172, 173, 182
세금 징수 청부권 81
세금 청부업자 82, 91, 165
세브 대령/쉴레이만 베이 혹은 파샤 110,
  116, 129, 143, 170
세습 125, 147, 148, 154, 155
셀림 3세 77, 117, 122
수단 16, 81, 100, 107, 143, 144

수단 원정 97, 98, 110, 127
수출 70, 108, 189
시리아 16, 36, 40, 44, 45, 57, 58, 68,
  80, 129
시리아 전쟁 135~142, 146~154
시파히 14
시혜자 84, 131, 132, 160, 164

ㅇ

아나톨리아 30, 120, 125, 137~141,
  148, 152, 153, 177
아다나 141, 149, 151~153
아라비아 50, 52, 56, 65, 72, 73, 79,
  80, 88~90, 93, 94, 96, 106, 107,
  126, 136, 148, 152, 173
아이유브 왕조 13
알 아즈하르 50, 53, 58
아크레 136~139
아흐메드 파샤(메디나의 총독) 50~52,
  60
아흐메드 페우지 149
알레포 136~138
알렉산드리아 29, 35, 44, 45, 53, 56,
  57, 60, 66, 67, 69, 70, 80, 95, 99,
  100, 119, 126, 134, 136, 140, 145,
  149, 153, 155, 172, 173
알리 알 실라니키 68, 82
알바니아/알바니아 인 40, 43, 44,
  46~54, 56, 59~62, 64~66, 71, 96,
  97, 110, 125, 129
알제리 135
알 알피 44, 54, 70, 71
압뒬메지드 148, 159, 172
압바스 파샤(메흐메드 알리의 손자) 92,
  173, 174, 182
야니나의 알리 파샤 22, 125

에미네(메흐메드 알리의 아내) 34, 35,
  79, 133
엘리트 78, 79, 83, 84, 92, 101, 112,
  131, 132, 144, 145, 158, 159,
  161~164, 170, 176
영국/영국인 36, 38, 41, 44, 45, 61,
  67~69, 76, 82, 102, 104, 105, 107,
  108, 112, 119, 120, 123, 127, 132,
  133, 135, 137, 140~143, 146, 147,
  152, 154, 166, 171, 178~180, 182,
  183, 185, 187~189, 194
예니체리 14, 45, 46, 49, 51, 61, 121,
  122, 133, 137
예멘 39, 80, 143, 144, 148, 152
오스만 누렛딘 81, 143
오스만 파스완올루 22
오언, 로저 188~190
와크프 81, 87
와하비 52, 65, 72, 73, 79, 84~89, 93,
  125
우마르 마크람 58, 59, 66
울라마 16, 58~60, 62, 64~67, 70, 86,
  137, 140, 150, 156
육군 43, 107, 115, 126, 129, 136, 144,
  168, 169
의료 정책 127~128, 145, 168~170
  콜레라, 흑사병, 카스르 알 아이니 대
  학 병원, 백신도 보시오.
이마렛/급식소 87
이브라힘 베이(맘루크 지도자) 43
이브라힘 아아(메흐메드 알리의 아버지)
  29, 31
이브라힘 파샤 35, 75, 76, 79, 89~91,
  94, 101, 110, 117, 118, 123, 124,
  136~141, 143, 148, 150~155,
  159~161, 165, 170~174, 181, 182,
  185
이븐 사우드 72, 89

이븐 칼둔 162
이스마일(흐디우, 메흐메드 알리의 손자)
  170, 174, 180~182, 193
이스마일 파샤(메흐메드 알리의 아들)
  35, 79, 86, 97, 98
이스탄불 32, 39, 43~46, 50, 52, 53,
  56, 57, 60, 62~64, 66~69, 72~74,
  77, 78, 84, 86, 87, 89, 92~94, 96,
  102, 109, 117, 120, 121, 123~125,
  131, 133~135, 139, 140, 142, 143,
  149~153, 155, 157, 159, 172~174,
  176, 177, 195
인구 조사/센서스 170, 171
일티잠 81

ㅈ

알 자바르티, 압둘라흐만 43, 47~49,
  51, 55, 59, 60, 66~69, 71, 72, 76,
  82, 83, 91, 94, 179
재정 49, 55, 73, 76, 80, 88, 90, 99,
  100, 101, 118, 133, 144, 177
전투
  나바리노(1827년 10월 20일) 123,
    124, 129
  나일 강(1798년 8월 1~2일) 41
  니집(1839년 6월 24일) 148
  콘야(1832년 12월 21일) 139
  피라미드(1798년 7월 21일) 40
제이넵 하툰(메흐메드 알리의 어머니) 31
조선소/선박 제조창 126
깃다 56, 60, 86, 89
징집/징병 48, 109, 110~116, 127, 129,
  135, 143, 146, 167, 168, 169, 196

ㅊ

체르케스/체르케스 인 14, 80, 110, 129

ㅋ

카발라/카발라 인 15, 25~27, 29~36,
    40, 43, 62, 78, 80, 87, 158, 172, 177,
    195
카스르 알 아이니 대학 병원 128, 169
카이로 39, 43, 44, 46~59, 62, 64~66,
    68~71, 74, 76, 79, 82, 83, 89, 93,
    95, 97, 102, 111, 114, 124, 126, 127,
    129, 134, 155, 156, 172, 173, 181,
    182, 193
코스트, 파스칼 95
콘야 30, 139, 151
콜레라 136, 144, 145, 169
콥트 인 100, 158
쿠노, 케네스 180, 192
퀴타히아 평화 협정 141, 142
크레타 16, 107, 141, 143, 144, 148, 152
클로 베이(앙투완 바르텔르미 클로 박사)
    127, 128, 136, 145, 178

ㅌ

타소스 25, 87
타히르 파샤 44, 46, 48~52, 62
탄지마트 130, 177
탈영 115, 168
터커, 주디스 192
테살로니키 25, 32, 66~68
테우히데(메흐메드 알리의 딸) 35, 79, 80
토순(메흐메드 알리의 아들) 35, 74, 75,
    79, 84~86, 88, 89, 93

토지 조사 90, 95

ㅍ

파머스톤 경 153, 154, 171, 178, 179
페트와 87, 137, 140
포르트 109, 119, 126, 146
푸아드 181, 182, 191, 192
프랑스/프랑스 인 36, 38~43, 45, 46,
    48, 58, 61, 62, 83, 95, 99, 100,
    108, 110, 119, 120, 123, 126, 128,
    129, 132, 135, 142, 152~154, 166,
    170~173, 177, 178, 188
피르만/칙령 56, 69, 74, 89, 90, 117,
    130, 147, 155, 174, 180
    임명(1805) 60, 63, 66, 67
    세습(1841) 155~157, 159, 190, 191

ㅎ

하이집트 38, 80, 81, 171
학교 107, 112, 128, 129, 131, 145, 167,
    168, 170, 172, 178, 184, 196
함대 41, 123, 126, 149, 151, 153~155
해군 40, 43, 76, 81, 107, 115, 120,
    121, 123, 126, 129, 136, 140, 143,
    144, 149, 168, 169
후르시드 파샤 56~60, 62
휘세인 파샤(오스만 대제독) 40~43, 96
휘스레우 42, 43, 45~50, 52, 55, 56,
    86, 93, 96, 110, 120~122, 124, 131,
    133, 149~151, 172, 175
흑사병 89, 144, 145, 169
히자즈 72, 141, 143, 144, 150
히자즈 원정 74, 78, 84, 88

메흐메드 알리

오스만 제국의 지방 총독에서 이집트의 통치자로

1판 1쇄 펴낸날 2016년 8월 12일

지은이 | 칼레드 파흐미
옮긴이 | 이은정
펴낸이 | 김시연

펴낸곳 | (주)일조각
등록 | 1953년 9월 3일 제300-1953-1호(구 : 제1-298호)
주소 | 03176 서울시 종로구 경희궁길 39
전화 | 734-3545 / 733-8811(편집부)
        733-5430 / 733-5431(영업부)
팩스 | 735-9994(편집부) / 738-5857(영업부)

이메일 | ilchokak@hanmail.net
홈페이지 | www.ilchokak.co.kr

ISBN 978-89-337-0718-0   03930
값 16,000원

* 옮긴이와 협의하여 인지를 생략합니다.
* 이 도서의 국립중앙도서관 출판예정도서목록(CIP)은
  서지정보유통지원시스템 홈페이지(http://seoji.nl.go.kr)와
  국가자료공동목록시스템(http://www.nl.go.kr/kolisnet)에서
  이용하실 수 있습니다. (CIP제어번호 : CIP2016018354)